D1993804

Wilhelm Kempff

Was ich hörte, was ich sah

Wilhelm Kempff

Was ich hörte, was ich sah

Reisebilder eines Pianisten

R. Piper & Co. Verlag
München Zürich

ISBN 3-492-02692-3
© R. Piper & Co. Verlag, München 1981
Gesetzt aus der Trump-Mediäval
Gesamtherstellung Welsermühl, Wels
Printed in Austria

Inhalt

Zu den Bildern 9
Bild 1: Porträt des Autors
Foto: Hans Mueller-Carioba

Hatschepsut, der erste weibliche Pharao 13
Bild 2: Bildnis der Hatschepsut im Metropolitan Museum in New York

Der Nilmesser bei Assuan 17
Bild 3: Segelschiffe auf dem Nil bei Assuan

Positano im Morgengewitter 21
Bild 4: Positano im Morgengewitter

Der Hera-Tempel in Paestum 27
Bild 5: Hera-Tempel in Paestum (früher Poseidon-Tempel genannt)

Ariel und Prospero 29
Bild 6: Torre di Materita, Anacapri

Erstes Konzert in Rom 37

Ausbruch des Ätna 43
Bild 7: Ausbruch des Ätna 1953

Venedig 45
Bild 8: Kanal in Venedig

Schwester Veronika 49
Bild 9: Vor dem Hospital in Luanda, Angola

Löwen in Gorongossa 51
Bild 10: Löwen in Moçambique

Besuch bei Selma Lagerlöf 55

Ellen Key 61

Bei Jean Sibelius 65
Bild 11: Der 92jährige Jean Sibelius

Sarazenen in der Alhambra 69
Bild 12: Sarazenen in der Alhambra

Der Myrtenhof als Konzertsaal.
El Patio de los Arrayanes 73
Bild 13: El Patio de los Arrayanes

Intermezzo aeronautico 77
Bild 14: Zeppelin in Buenos Aires

Fatale Ritardandi 83

Chico de Belcanto 93

Übermächte sind im Spiel 105

In der Sakristei von Saint Pierre, Prades 113

Nächtliches Gespräch mit Albert Schweitzer
in Bordeaux 117

Das Ohr des Dionys 123

Zwischen Paris und Lyon 129

Matsushima 135
Bild 15: Sonnenuntergang über den Inseln von Matsushima

Göttin Benten lebt noch 139
Bild 16: Tanzende Geisha

Der Feuervogel von Matsuyama 143
Bild 17: Hafen von Matsuyama an der japanischen Inlandsee

Geschenke in Japan 147
Bild 18: Ein kostbares Geschenk

Intimes aus Ephesus 153
Bild 19: Gymnasium in Ephesus

Ich werde Schulrat in der Oase Bou-Saada 155

Bild 20: Marktplatz von Bou-Saada, Algerien

Konzert im Jupiter-Tempel von Baalbek 159

Bild 21: Säulen des Jupiter-Tempels mit Durchblick zum Bacchus-Tempel, Baalbek, Libanon

Abendwolken über den Pyrenäen 163

Bild 22: Luftaufnahme nach einem schweren Gewitter über Nordspanien

Der Montserrat 165

Bild 23: Der Montserrat bei Barcelona

Adler über Delphi 169

Bild 24: Westseite des Theaters in Delphi

Griechischer Frühling im Herbst 173

Bild 25: Oberhalb des Stadions in Delphi

Lob auf Athen 175

Bild 26: Die Akropolis

Zum letzten Bild 177

Bild 27: Das Häuschen mit der Margeritenwiese

Zu den Bildern

Als kleiner Junge war ich farbenblind. Jedesmal, wenn ich statt des gewünschten blauen Topfes aus der Küche den grünen anbrachte, gab es ein Geschmunzel bei Eltern und Geschwistern.
Ich war aber gar nicht traurig ob dieser Tatsache, war doch mein ganzes Wesen, Sinnen und Trachten auf das Akustische eingestellt. Das richtige Sehen kam erst später: ähnlich wie bei den kleinen Katzen, die ja auch zuerst nur in die schöne Welt hören und bloß ab und zu blinzeln.
Ich weiß nicht, ob der freundliche Betrachter dieser Bilder vielleicht konstatiert, daß auch heute noch mit meiner »Linse« nicht alles in Ordnung sei ...
Sollte dem so sein, dann möge er bedenken, daß ein Musiker die Welt auf seine Art sieht, daß er in die Landschaft hineinhorcht, ja, in sie hineinruft und beglückt das antwortende Echo in seine Kamera einschließt, in diesen kleinen Zauberkasten, der ihm immer ein unbegreifliches Wunder geblieben ist.
Zur weiteren Entschuldigung sei bemerkt, daß ich weder Belichtungsmesser noch Teleobjektiv oder anderen noch komplizierteren technischen Raffinements traue, wohl aus dem dunklen Gefühl heraus, daß der Belichtungsmesser dort versagen muß, wo andere Gesetze des Lichtes herrschen, wie zum Beispiel in Japan. Ebenso habe ich es aufgegeben, mein geliebtes Paris unter die Lupe zu nehmen. Dort herrscht ein Licht, das sich nur dem Maler

mitteilt, ein Licht, nur der Ganztonleiter Debussys zu vergleichen, verschwimmend, in zarten Übergängen schwelgend.

Bekanntlich neigt jeder Mensch dazu, seine kleinen Nebentalente maßlos zu überschätzen. Meine Frau, die treue Wegbegleiterin auf so vielen Fahrten, ist wenigstens so vorsichtig, immer dann, wenn ich mir das festliche Vergnügen mache, die fotografische Ausbeute einer letzten Reise vorzuführen, den geladenen Gästen mit erhobenem Finger zu bedeuten: »Ihr könnt ihm als Pianisten, als Komponisten etwas am Zeuge flicken, aber tadelt um des Himmels willen nicht seine Fotos, das ist ein allergischer Punkt bei ihm.«

In diese »Captatio benevolentiae« bitte ich auch die Randbemerkungen, die passenden und die unpassenden, einzuschließen. Man wird wenigstens zugeben, daß sie kurz und bündig sind.

Eigentlich wollte ich den Leser meiner Jugenderinnerungen »Unter dem Zimbelstern« ausführlich mit dem, was »nachher« kam, bekannt machen. Aber ich hatte bis heute keine Zeit, diesen Plan auszuführen. Deshalb nehme ich den Leser nicht umständlich an die Hand, sondern lasse ihn im Fluge mich begleiten, hier und da ein Wort verlierend.

Beim Schreiben dieser Zeilen fällt mein Blick auf die Positano vorgelagerten Sireneninseln. Hier segelte Odysseus, der Urvater aller Reisenden, vorüber, ein akustisch empfindsamer Mann, denn die Stimmen dieser reizenden Geschöpfe hatten es ihm angetan. Aber schließlich fand er nach allen Irrfahrten Ithaka, er fand die Heimat. Und so habe ich an das Ende dieses Buches das einfache, kleine Holzhaus gestellt, die Wiese voller Margeriten.

Hatschepsut, der erste weibliche Pharao

Kann man in Ägypten Konzerte geben? So fragten mich viele vor Antritt meiner ersten Ägyptenreise, und so fragte ich mich selbst. Kaum angekommen, fand ich jedoch eine Fülle von Zuschriften vor, und zwar nicht nur von den französischen, englischen und deutschen Melomanen, sondern von Ägyptern mit herrlich klangvollen Namen arabischer Prägung, in denen die Bitte ausgesprochen war, diese oder jene Sonate des vorgesehenen Programms mit einer selten gespielten Beethoven-Sonate zu vertauschen. Da wußte ich: Ja, man *kann* hier Konzerte geben.

So wurde schon das erste Konzert zu einem unvergeßlichen Ereignis für mich. Beglückt telegrafierte ich nach Hause: »Ein Erfolg, daß die Pyramiden wackelten.«

Frau und Kinder antworteten: »Laß die Pyramiden stehen, wir wollen gern sie auch noch sehen.«

Wohlweislich hatte ich mir noch eine »ungeflügelte« Woche, das heißt eine Woche ohne Konzerte, für einen Ausflug nach Oberägypten gesichert, um einen seit der frühesten Jugendzeit gehegten Wunsch in Erfüllung gehen zu lassen. Damals hatte ich mir in einem Buchladen in Potsdam ein altes, abgegriffenes Büchlein aus dem Jahre 1780 erstanden, einen französischen »Reiseführer für Ägyptenland« in deutscher Übersetzung. Es war da unter anderem von einer Königin Hatschepsut die Rede, die als Pharao für ihren Stiefsohn Thutmosis regiert hatte.

Nun stand ich vor ihrem Totentempel in Deir-el-Bahari. Drei Terrassen, gewaltig übereinandergeschichtet, eine zu Stein erstarrte Musik in ihrer großartigsten Form: der Fuge. Wohl sah ich dieses grandiose Monument des Todes, aber ein Bildnis der Hatschepsut suchte ich vergebens.

Wie groß war daher meine Überraschung, als ich mich ungefähr zehn Jahre später im Metropolitan Museum von New York gleich einer Pluralität von Hatschepsuts gegenübersah.
Wie war es möglich gewesen, diese Riesenstatuen vor dem feindlichen Verwandten zu verbergen, der, wenn er gerade an der Macht war, als erste Regierungstat die Bildnisse der Hatschepsut bis zur Unkenntlichkeit verunstaltete. Natürlich spielte hierbei auch die Eifersucht eine Rolle, hatte doch die schöne Hatschepsut Beziehungen zu ihrem ersten Minister angeknüpft. Ganz im geheimen, wie die Geheimschreiber des Thutmosis betonten, so geheim, daß alle Welt von diesem Geheimnis wußte. Ich entdeckte in diesem königlichen Antlitz etwas Lauerndes, Außermenschliches, etwas vom Wesen des Tieres. Es ist der Blick der Katzen, denen kein Volk in seinen bildlichen Darstellungen so gerecht geworden ist wie das ägyptische. Kein verspieltes, anschmeichelndes Kätzchen wie fünfzehnhundert Jahre später ihre Nachfolgerin auf dem Pharaonenthron, die allseits bekannte und umschwärmte Kleopatra, sondern eine königliche Großkatze, deren

Krallen genügten, die mühsam in den Fels geritzten Bildnisse ihres Bruders gleichfalls auszukratzen. Kleopatra: Meine Gedanken gehen beim Betrachten ihrer übermenschlichen Vorgängerin nur insoweit zu ihr, als sie mir wie ein lebendiges Rechenmaß für die ungeheuren Räume der Geschichte ihres Volkes dient. Es sei mir erlaubt, diesen einzigartigen Ablauf der dreitausend Jahre vom Bau der ersten Stufenpyramide bis zur kleinen verspielten Katze Kleopatra, die den mächtigen Julius Cäsar mit ihren Samtpfötchen und noch ganz anderen – unpolitischen – Künsten beinahe aus seiner glorreichen Lebensbahn geschleudert hätte, grafisch-musikalisch darzustellen:

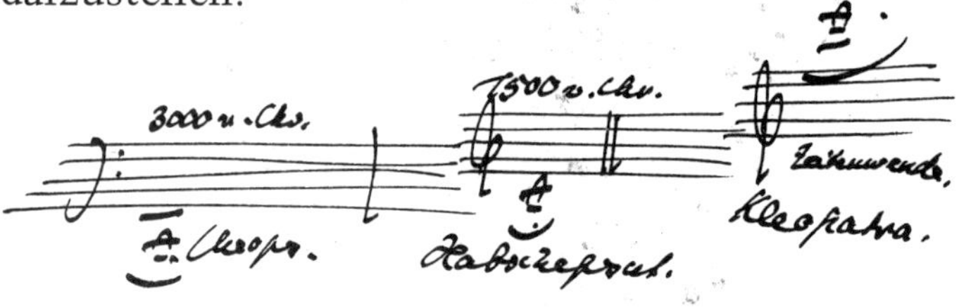

Hatschepsut steht gerade in der Mitte dieser drei Sternbilder. Immer je zwei Oktaven trennen diese zeitlichen, fünfzehnhundert Jahre währenden Intervalle. Welch weiter Weg eines Volkes, gemessen an dem der europäischen Völker, denke ich. Da tippt mir der Museumsbeamte auf die Schulter: »It's time to move. Wir schließen jetzt.« Widerstrebend wende ich mich zum Gehen, mich noch einmal umblickend nach Hatschepsut, meiner Hatschepsut ...

Der Nilmesser bei Assuan

1954

Vater Nil, schon bei den Römern so genannt und bei ihnen abgebildet als kinderreicher Gott, hat dafür gesorgt, daß in seinem Umkreis das Gesicht des Todes ausgelöscht ist. Wie kein Fluß der Erde ist er die Herzarterie, die Lebensader eines Wüstenlandes. Ohne ihn gäbe es keine Pharaonen, keine Pyramiden, keine Nofretete, keine Memnons-Säulen, keine Papyruspflanze, keinen Echnaton, keinen Tut-anch-Amun, kein ägyptisches Museum in Kairo.

Freilich, auch er vermochte nicht, die große Wüste in ihrer Gesamtheit mit seinem fruchtbaren Schlamm in paradiesische Gefilde zu verwandeln. Aber er tat sein Bestes und dehnte seine fruchtschweren Glieder so weit wie möglich aus. Der heutige Mensch – wer kann es ihm verdenken – versucht auf orthopädische Art, durch allerlei Korrekturen diese Glieder noch mehr auszurenken, damit die sich unheimlich vermehrenden Wüstenbewohner nicht dem Hungertode preisgegeben sind.

Ob da Vater Nil nicht eines Tages kategorisch erklärt: entweder ich oder ihr? Und so aus einem gütigen Vater ein rächender Totengott wird, der wie Chronos seine eigenen Kinder verschlingt?

Diese Gedanken kommen mir, als ich nach der Insel Elephantine übersetze, um dort den uralten Nilmesser zu betrachten, auf dem der Stand des Pegels immer wieder sorgsam eingeritzt wurde.

Reichtum und Fruchtbarkeit, Tod und Grauen verkünden diese Zahlen ...
Mir fällt die Geschichte vom Pharao und dem jungen Joseph ein, die ich in der Jugend nicht oft genug hören konnte: wie Joseph aus dem Gefängnis geholt wird, um dem Herrscher dessen Traum als Zeichen für die sieben fetten und die sieben mageren Jahre zu deuten.
Seht euch dieses Bild genau an! Nicht mehr lange, dann wird der im Bau befindliche neue Staudamm die Wasser absaugen, und man wird zu Fuß durch eine ausgetrocknete Mondlandschaft zum Nilmesser wandern, der hoffentlich nur noch fette Jahre prophezeit.

Positano im Morgengewitter

Gott Chronos, gib mir für Augenblicke dein Stundenglas in die Hand. Ich möchte zurückblenden zu jenen Tagen, da ich zum ersten Male nach Positano kam.

Es war zur Zeit, als die gleichsam an den Himmel geschmiedete Felsenstraße fast nur den Vetturini vorbehalten war, die mit »à« und »è« ihre schellenbehangenen Rößlein zur Eile antrieben.
Unter dem karierten Sonnendach des Hochzeitswägelchens war gerade Platz für zwei, nicht weniger, nicht mehr, wie es sich eben für solche Gefährte ziemt.
Meine achtzehnjährige Frau strahlte, das Pferdchen wieherte, der Vetturino sang und schrie die entgegenkommenden Wägelchen an, die gleichfalls mit Brautleuten aus dem fernen Norden besetzt waren.
Auf einmal kletterte der Vetturino vom Bock herunter und deutete mit dem Peitschenstiel auf einen Ort, der durch irgendein Versehen eines Heiligen aus dem Morgenland an die amalfitanische Küste versetzt schien. »Das ist Positano«, so sagte er nicht ohne Feierlichkeit, »molti tedeschi, pittori, artisti«, wobei er in unnachahmlicher Geste einen Schnellmaler markierte – nur wenige Striche in die Luft gezeichnet, und die Landschaft war da ...
Beim Anblick dieses sich wie eine steinerne Kaskade ins Meer ergießenden Städtchens geriet ich in eine Art Rauschzustand, der aber zum Glück meine junge Frau in keiner Weise beunruhigte.

Ich mußte dieser Begeisterung auf gut deutsche Art Ausdruck geben, indem ich das nicht ganz unbekannte »Kennst du das Land, wo die Zitronen blühen, im dunklen Laub die Goldorangen glühen« anstimmte. Nicht etwa das bekannte, nein, ich improvisierte aus der Stimmung heraus eine Canzona in stilo italiano.

Es war schon anstrengend, den unablässig ebenfalls singenden Vetturino zu übertönen, aber endlich gab er sich geschlagen und erkundigte sich höflich nach dem Text dieser Canzona.

Nachdem auch heute noch mein Italienisch zuweilen die Lachmuskeln der Positanesen in Bewegung setzt, gelang es mir damals um so weniger, unserem Vetturino den Sinn des Goethe'schen Gedichtes klarzumachen. Denn jedesmal, wenn ich singend die Frage »Kennst du das Land« an ihn gerichtet hatte, unterbrach er mich, mit der Ungeduld eines Kindes sein Gesicht in tausend kleine Falten legend, und meinte traurig: »Nein, mein Herr, leider muß ich auf Ihre Frage gestehen, ich kenne dieses Land nicht.«

Meine Frau konnte sich nicht genug darüber wundern, mit welcher Beharrlichkeit ich dem Vetturino zusetzte, doch, was Goethe betrifft, Vernunft anzunehmen – aber immer wieder ertönte die traurige Antwort nach den ersten Worten: »Nein, leider, ich kenne es nicht, dieses gewiß schöne Land, so weit bin ich mit meiner Carozza noch nicht gekommen.«

Viele Jahre vergingen, bis ich, verlockt durch die Begeisterung meiner guten Freundin Anneliese von Bodecker über diesen einzigartigen Ort, wieder nach Positano kam.
Noch standen bei der Post die Wägelchen, und die auf Hochglanz polierten Rößlein trugen stolz wie ehedem ihren federnen Kopfputz. Aber es waren ihrer nur drei, höchstens vier, und sie warteten geduldig, daß einmal ein Unzeitgemäßer vorbeikommt, der sich noch die Zeit nimmt, Zeit zu haben, und dennoch beizeiten an seinem Ziele ankommt.
Auch viele alte Paläste aus dem siebzehnten Jahrhundert hatten sich unangetastet erhalten, Zeugen einer bedeutenden Vergangenheit, da ihre Bewohner im Verein mit Amalfi und Ravello gegen die Seeräuber kämpften und oft genug nach den Gestaden Afrikas verschleppt wurden.
Heute ist Positano für viele junge Pianisten ein Synonym für Musik geworden. Sie kommen aus der ganzen Welt, und im Juni jeden Jahres hört man aus manchem Fenster die Stimme Beethovens wie einst die Stimme der Sirenen von den nahe gelegenen Galliinseln.
Unter den Palästen Positanos ragt besonders der des Vizekönigs Murat (ein Schwager Napoleons) hervor. Sein heutiger Besitzer, Vito Attanasio, stellte großzügig Haus und Hof zur Verfügung, als meine Beethoven-Kurse 1957 mit einem feierlichen Konzert, das durch die Mitwirkung von Alfred Cortot seine rechte Weihe erhielt, eröffnet wurden. Ja,

nicht genug, er ließ die den Orangengarten abschließende Mauer einreißen, um noch mehr Platz für das zahlreich erschienene Publikum zu schaffen. Sein nicht minder begeisterungsfähiger und als Architekt genial begabter Bruder Antonio Attanasio errichtete den Musiksaal für die »Fondazione Orfeo«, wo seither die junge pianistische Generation in die Welt Beethovens eingeführt wird.
An einem Morgen in der Zeit des ersten Kurses schienen sich Aiolos, der Gott der Stürme, und der alte Poseidon verabredet zu haben, den aus aller Welt herbeigeeilten jungen Pianisten mit einem fürchterlichen Donnerwetter einen gewaltigen Schrecken einzujagen. Die beiden schlechtgelaunten Götter färbten erst einmal den Himmel schwärzer als schwarz ein und geboten dem Meere, sich unverzüglich in die gleiche Farbe zu kleiden. Als der alte Zeus nun solche Vorbereitungen gewahrte, ließ er sich nicht lange bitten, sondern schleuderte Blitz auf Blitz auf den Monte San Angelo herunter, der ihm sowieso schon lange als Sitz des mächtigsten aller Engel ein Dorn in seinen Götteraugen war. Es schien, als wollten die himmelhoch getürmten Felsenburgen auseinanderbersten, so warf das zum Herrscher gewordene Echo die Donnerschläge in wütendem Fortissimo von Wand zu Wand.
In diesem Augenblick erblickte ich von der Terrasse meines kleinen Musiktempels eine Fata Morgana, wie ich sie nicht einmal in der Wüste Nordafrikas gesehen hatte. Ich traute meinen Augen nicht.

Denn ich schaute das sonst von der Terrasse nicht sichtbare Positano wie von Geisterhand auf die Felsen projiziert, während ein Regenbogen wie ein himmlischer Reiter heranschwebte.
Der gerade anwesende Freund Oskar Kokoschka trat hinzu und riß seine Maleraugen weit auf. Mit einer dramatischen Handbewegung wies er auf dieses großartige Schauspiel und rief: »Ich gratuliere dir zu deinem Positano, das solche Geheimnisse der Natur preisgibt.«

Der Hera-Tempel in Paestum

Paestum bedarf der Stunde, in welcher Hesperus, der Abendstern, sein erstes Licht versendet und zugleich die Sonne im Scheiden die Tempelsäulen mit ihren goldenen Strahlen übergießt. Paestum ist mit seinen drei Tempeln das Präludium zur großen Fuge Griechenland, das königliche Eingangstor zur Magna Graecia.

Der mächtige Poseidon-Tempel erschien Goethe barbarisch, schwerfällig. Ihm hatten es die zarten römischen Säulen des Minerva-Tempels in Assisi mit ihrer weiblichen Grazie angetan. Zur Zeit, als er diese Bemerkung in sein Reisetagebuch über Italien eintrug, war ihm noch nicht die überwältigende Macht der Polyphonie des großen Johann Sebastian Bach aufgegangen. Dies geschah später, als der junge Felix Mendelssohn in Weimar erschien und Goethe, dem großen Deutschen, alle Präludien und Fugen des »Wohltemperierten Klaviers« vorspielte, bis Goethe begeistert ausrief: »›Bach‹! Nein, ›Meer‹ sollte sein Name geheißen haben.«

Den neueren Forschern sei es gerne geglaubt, daß dieser Tempel nicht dem wilden Poseidon, sondern der Herrscherin des Himmels, Hera, geweiht war.

Ob nun Poseidon oder Hera: dieser Tempel wurde von Menschen erdacht, denen das strenge Gesetz der Form und die in ihm ruhende Gewißheit von der Göttlichkeit allen Schaffens innewohnte.

Ariel und Prospero

Die Königin Viktoria von Schweden hatte mir nicht zuviel versprochen, als sie mir im Schloß zu Stockholm im Januar 1921 den Empfehlungsbrief an »Förste Livmedikus av Hennes Majestät« (erster Leibarzt Ihrer Majestät) Dr. Axel Munthe mitgab: »Sie werden Eindrücke mitnehmen von Anacapri, die Ihr ganzes Leben vorhalten.«
Lange stand ich vor dem steinernen Tor, dessen eisernes Gitter den Blick in die von Zypressen flankierte Allee freigab. Kein Menschenlaut drang an mein Ohr. Dafür war die Luft erfüllt von dem unablässig an- und abschwellenden Ruf der Pettirossi, der italienischen Rotkehlchen.
War dies nun das Haus des Doktor Munthe, dieser finstere Turm, das an ihn sich ängstlich anlehnende Gebäude, war das nicht ein Kloster der Trappisten?
Da erst entdeckte ich einen alten, verrosteten Klingelzug, den man leicht für eine Antiquität aus Kaiser Tiberius' Zeiten halten konnte. Ich zog daran, wandte jedoch offenbar einen falschen Fingersatz an, denn plötzlich fiel mir die gesamte Antiquität samt Glocke in die Hände, worauf ein Schäferhund bester Rasse in wilden Sprüngen angerannt kam, der von einer rauhen, sehr männlichen Stimme zur Ordnung gerufen wurde. Und schon kam Dr. Munthe angeschritten, nur er konnte es sein. Er erschien mir wie ein »Gran Signore«, nicht nur wegen seiner imponierenden großen Gestalt. Er trug eine dunkle Sonnenbrille und hatte einen Knoten-

stock in der Rechten. »Aha, er ist gekommen, der Pianist!«

Nach einer Generalpause ermannte ich mich: »Herr Doktor, meine Lage ist hoffnungslos«, und bei diesem Wort zitterte meine Hand, so daß die Klingel wie ein Totenglöckchen läutete, »darf ich mich wieder empfehlen?«

»Wegen der alten Glocke? Die wurde schon hundertmal repariert. Kommen Sie nur endlich herein, ich bin gerade beim Essen, es gibt Fisch. Sprechen Sie nichts, ehe Sie sich nicht voll und ganz beruhigt haben.«

Stumm versuchte ich an der Seite des Doktors Schritt zu halten, der trotz seiner kranken Augen tüchtig ausschritt. Plötzlich blieb er stehen.

»Ist diese kleine Aktenmappe Ihr ganzes Gepäck?«

»Nein, ich ließ meinen Koffer in Capri unten beim Reisebüro.«

»Wie lange bleiben Sie bei mir?«

»Darf ich heute bei Ihnen übernachten?«

»Ich habe Befehl von der Königin, Sie wieder gesundzupflegen. Sie bleiben sechs Wochen. Abgemacht?«

»Sechs Wochen? Ach, wie gerne bliebe ich. Aber in zwei Wochen habe ich mein erstes Konzert in Rom. Da darf ich nicht absagen.«

»Absagen nicht, aber verschieben. Lassen Sie mich das in Ordnung bringen, ich werde gleich nach Rom schreiben. Der Gärtner wird Ihren Koffer holen. Sie wohnen im kleinen Gästehaus.«

Ich hatte das Gefühl: nach diesem Präludium konnte ruhig die Fuge beginnen.
Während beim Mahl das befohlene Schweigen herrschte, ging es beim Kampf mit den besenstieligen Fischgräten um so geräuschvoller zu. Der halbblinde Doktor hatte seine liebe Not damit. Er sammelte einen kleinen Vorrat von Gräten wie ein Hamster im Mund und spuckte diesen en bloc zu meiner größten Verwunderung auf den Teller. Mir kam Heinrich der Achte von England in den Sinn, dessen Tischsitten ja weltweite Aufmerksamkeit erregt hatten ...
Zum Nachtisch gab es Feigen, Nüsse, Mandarinen und Apfelsinen. Dann trat Rosina, der treue Hausgeist, mit dem Kaffee herein.
»Den erlaub' ich Ihnen«, meinte jetzt etwas anzüglich der Doktor, »aber sagen Sie mal, hat Sie die Königin nicht überschätzt? Spielen Sie wirklich *so* gut Klavier, wie sie behauptet?«
Als ich dazu betreten schwieg, meinte er: »Mein Flügel ist alt, aber ich habe ihn extra für Sie stimmen lassen. Doch keine Angst. Vorläufig halte ich Sie in strenger Klausur. Und jetzt, jetzt wird geruht. Sie sind schließlich in Italien, wo die Mittagspause nicht ›Gold im Munde‹ hat, wie man in Ihrem Vaterlande sagt, sondern in der fleißig geruht wird.«
So gingen, nein flogen die Tage dahin. Der Doktor nahm seinen Arztberuf sehr ernst. Die »contadini«, die Kleinbauern, hatten auf der Insel der Seligen die

gleichen Kämpfe mit Krankheiten auszufechten wie anderswo auch. Aber gerade sie wandten sich mit Vorliebe an den schwedischen Doktor und vertrauten ihm bedingungslos, ja sie sahen in ihm vielleicht so etwas wie einen Medizinmann, der mit Übermächten geheimnisvollen Umgang pflegte. Man erzählte sich, daß er nachts, da sonst fromme Christen den Schlaf der Gerechten schlafen, auf der großen Terrasse seiner Zauberburg stundenlang auf und ab ging, zuweilen plötzlich stehenblieb, um sich wie ein alter Rabe krächzend mit einem Geist zu unterhalten, der ihm dann die jeweilig benötigte geheimnisvolle Medizin in die Hand drückte.

Bei schlechtem Wetter pflegte ich mich in meinem Retiro einzuschließen, um mit einer gerade begonnenen symphonischen Dichtung mit dem bezeichnenden Titel »Das verlorene Paradies« voranzukommen. Regenwetter beflügelte von Kind an meine Phantasie.

Zuweilen begleitete ich den Doktor auf seinen Krankenbesuchen. Er war ein unvergleichlicher Cicerone, ob als Archäologe, Historiker oder Botaniker. Er war ein genialer Anreger, sogar auf dem Gebiete der Musik. Kein Wunder, daß ihm, dem Unzugänglichen, die Herzen zuflogen.

Zwei dieser Besuche sind mir besonders in Erinnerung geblieben. Der erste führte uns zu einer pompösen, im pompejanischen Stil errichteten Villa. Während der Doktor seine Visite machte, blieb ich mit Lux, seinem Schäferhund, im Garten zurück. Zu meinem Erstaunen kam der Doktor schon nach einigen Minuten wieder, Verwünschungen aussto-ßend, aus denen ich schloß, daß es sich hier um eine hysterische Patientin gehandelt hatte, die wohl aus purer Langeweile nach ihm verlangt haben mochte. Lux schlich sich bei solchen Anfällen ängstlich zur Seite.

Doch bei Cholerikern wechselt wie bei Kindern das Wetter schnell. Schon auf dem Wege nach Damecuta, unweit von Torre di Materita, schien das Stimmungsbarometer bereits wieder erheblich gestiegen. »Jetzt noch zur alten Luisa! Die ist wirklich krank. Sie wünscht sich seit Wochen den Tod. Wenn es dort auch länger dauert, dann tut es wohl nichts. Auch dort gibt es einen Sarazenenturm, die Mandelbäume blühen gerade. Da kann Ihr ›Verlorenes Paradies‹ schön weiter gedeihen.«

Da saß ich dann und schaute gedankenverloren auf das Meer. Plötzlich fühlte ich etwas Warmes, Feuchtes an meiner Hand. Lux war es, in dessen guten Augen die Frage stand, weshalb wohl heute sein Herr ihn so lange warten ließ. So wütend er auch mich, der ich damals ja die Klingel rauben wollte, angebellt hatte, jetzt waren wir Freunde geworden. Seitdem ich von seiner Geschichte wußte, gehörte ihm mein ganzes Herz. Lux war vom Doktor, der den Krieg auf französischer Seite als Arzt mitgemacht hatte, nach einem deutschen Angriff auf die französischen Stellungen aufgefunden worden. Ta-

gelang hatte er Totenwache an der Leiche eines gefallenen deutschen Offiziers gehalten. Axel Munthe hatte ihm lange zureden müssen, bis ihm der Hund willig gefolgt war.
Endlich kam der Doktor zurück. Vorsichtig tastete er mit dem Stock die Straße ab. Und doch, welch gebietende Gestalt, dachte ich. Er könnte gut den König Lear darstellen oder den Prospero in Shakespeares »Sturm«. Jetzt blieb er vor mir stehen und stellte den Stock vor sich hin, als wollte er ihn klaftertief ins Erdreich bohren. »Für heute wär's genug. Ich kam zu guter Zeit, um der alten Luisa die Augen zuzudrücken.«
Schweigend traten wir den Rückweg nach Materita an.
An diesem selben Abend, aus dem eine ganze Nacht wurde, war des Musizierens kein Ende. Mit Schubert fing es an, dann Hugo Wolf, dessen »zur Ruh', zur Ruh' ihr müden Glieder« mir noch heute nach so vielen Jahren gegenwärtig ist. Es mochte Mitternacht gewesen sein, als wir auf die Terrasse traten. Tief unter uns lag das Meer, auf dem sich die silberne Wasserbahn des Mondes abzeichnete. Über uns leuchteten die Dioskuren. Leise fragte ich den Doktor, ob er sie sehen könne. »Nein«, sagte er, »aber wenn Sie mir noch eine Freude machen, zum Abschied den ›Gesang des Fischers an die Dioskuren‹ zu begleiten, dann höre und sehe ich die Zwillingssterne vor meinem inneren Auge.« Wie anders klang plötzlich seine Stimme, die sonst so rauhe,

brüchige Stimme. Wie flossen Wort und Ton zusammen, als wären beide nie getrennt gewesen, auch sie Dioskuren, Zwillingsbrüder ...
Axel Munthe brachte mich die wenigen Schritte bis zu meinem Häuschen. Gewitterwolken hatten sich vor den Mond geschoben.
»Wenn Sie morgen aufwachen, dann bin ich schon auf dem Schiff nach Neapel. Als wir von Luisa zurückkamen, fand ich ein Telegramm vor. Ich werde nach Stockholm gerufen. Die Königin ist krank. Leben Sie wohl. Ich danke Ihnen. Kommen Sie wieder, sooft und solange Sie wollen. Und noch eins: nicht Wilhelm sollten Sie heißen. Das klingt nach Vaterland, nach dem ›großen Vaterland‹. Ich glaube, Ariel wäre ein guter Name für Sie, Sie wissen, der musizierende Luftgeist in Shakespeares ›Sturm‹.«
Ich wollte antworten, aber er war schon im Dunkel der Nacht verschwunden, er, der Zauberer Prospero.

Totentempel der Hatschepsut in Deir-el-Bahari

CLOSED

Bildnis der Hatschepsut im Metropolitan Museum in New York

Segelschiffe auf dem Nil bei Assuan

Positano im Morgengewitter

Erstes Konzert in Rom

Mein erstes Konzert in Rom begann mit einer Panne: Der Brief des Doktors, in dem er die Musikgesellschaft um Verschiebung des Konzerttermins ersucht hatte, war nie in Rom angekommen. Mag sein, daß der Zauberer Prospero ihn anstatt der Post einem der musikliebenden Delphine, die da in menschlicher Gestalt auf Capri herumliefen und solche Aufträge liebend gern übernahmen, anvertraut hatte. Jedenfalls glaubte man mich vom Festland verschwunden, was ja auch der Wirklichkeit entsprach. Das Konzert war erst in letzter Minute abgesagt worden, so daß viele Menschen vor den geschlossenen Türen lamentierend ihre Hände erhoben, bis sie sich endlich entschlossen, den Heimweg anzutreten.

Dem Abgesandten der alten römischen Musikgesellschaft, der mich in meiner Pension an der Piazza Barberini besuchte, versprach ich, gleichsam als kleines Sühnegeschenk für die vorbildliche Haltung der Enttäuschten, außer der Improvisation am Schluß des Programms ein italienisches Stück zu spielen. Ich entschied mich für die Lisztsche Rigoletto-Paraphrase, ein Lieblingsstück meines Vaters, das ich noch heute im Ohr habe.

Das, was ich zuerst nicht glauben wollte, war schon nach wenigen Tagen eingetreten: Rom hatte mich eingefangen. Jeden Morgen stahl ich mich heimlich aus meiner Pension, nicht ohne ein schlechtes Gewissen gegen meine inzwischen eingetroffenen Freunde Ingrid und Robert Engström und den guten

Sogneprest Ragnvald Lexow-Breck und seine Familie. Allein wollte ich, mit dem Baedeker bewaffnet (Gregorovius wurde erst später mein Mentor), auf Eroberungen ausgehen. Müdgelaufen fand ich mich dann zur Zeit des Sonnenuntergangs bei der Villa Medici ein und horchte auf das, was mir die kleinste, aber auch die schönste aller Fontänen Roms zu erzählen hatte. Klang ihr Geplätscher nicht wie das Tongeriesel des Schubert'schen As-Dur-Impromptus? Wenn dann die Sonne untergegangen war und die Kuppel von St. Peter in einem Meer von violetten Farben zu schwimmen schien, stieg ich langsam die Spanische Treppe herab, um bei Signora Bretschneider in der Via Condotti einzukehren, in diesem einzigartigen Heim, das mit dem Flügelmagazin der Firmen Bechstein und Steinway verbunden war. Dort besann ich mich darauf, daß es an der Zeit wäre, mich endlich ans Klavier zu setzen. Ich hatte mich schon damals als Gelegenheitsarbeiter gefühlt, der aber dann, wenn die Gelegenheit sich bot, bis in die Nacht hinein, Zeit und Raum vergessend, sein Pensum nachholte. Direkt unter der Wohnung von Nadia Bretschneider befand sich das berühmte Café Greco, das schon Anfang des neunzehnten Jahrhunderts Treffpunkt der Maler, Musiker und Dichter gewesen ist.

Daß mir mein römisches Debüt ziemlich genau in Erinnerung geblieben ist, habe ich zwei Ereignissen zu verdanken.

Das erste fuhr mir wie ein schneidendes Sforzato

ins Herz: Bei einem der sich himmelhoch auftürmenden Akkorde in Beethovens »Appassionata« rissen gleich zwei Saiten. Mir war, als bäumte sich der Flügel auf, der nur noch ein schepperndes Jammergeheul von sich gab. Von Mitleid ergriffen, eilten einige Zuhörer sofort aufs Podium, sprachen mir ihr herzliches Beileid aus und rollten kurz entschlossen einen kleineren Flügel heran, der, bis dahin kaum beachtet, bescheiden in der Ecke gestanden hatte, nun aber zum Retter aus der Not wurde. Der Name seiner Firma war ihm in großen Lettern auf den schön geschwungenen Leib geschrieben worden: FIPS. Allerhand Gedankenassoziationen zu Wilhelm Busch stiegen in mir auf. Meine erste Abneigung gegen »Fips« verwandelte sich in ein kindliches Staunen, wie mutig dieser kleine David den Kampf mit dem großen Goliath-Konzertflügel aufnahm, der lendenlahm für diesen Abend ausgeschieden war.

Das zweite Ereignis war erfreulicher. Ich hatte mein Schifflein im geraden Kurs auf das Kap der guten Hoffnung zu der Schlußnummer, nämlich der Improvisation, gesteuert, als ein schwarzgelockter Jüngling erschien und mir ein Thema mit einem Gruß von seinem Meister überbrachte. Ich las das Thema, las den Namen: Ottorino Respighi. Schnell war Ereignis Nummer eins vergessen. Ich griff in die Saiten, diesmal aber vorsichtig, con grazia ... Handelte es sich doch um ein bezauberndes Thema, das aus Respighis »Antiche Danze« stammen mochte.

»Fips« zeigte sich von seiner besten Seite, und ich sah ihn förmlich vor mir, wie er vor Vergnügen mit dem Schwanz wedelte. Doch dann trat der Sekretär des Musikvereins nah an das Podium heran und erinnerte mich an das versprochene Sühnegeschenk, an die Rigoletto-Paraphrase von Liszt.
Sei es nun, daß in mir die ersten Kindheitserinnerungen aufstiegen, an die kleinen Familienfeste, an denen der Vater zum Abschluß uns diese geniale, mit leichtester Hand hingezauberte Paraphrase spielte, oder sei es, daß mich die kaum unterdrückten Beifallsäußerungen der Römer bei der Stretta das Äußerste wagen ließen, so viel stand fest, ich hatte »Fips'« zarter Natur zuviel zugemutet. Treu bis zum letzten Akkord, hauchte er bei der strahlenden Des-Dur-Fermate sein Leben aus. Stolz verließ ich das Podium, hatte ich doch, was mir späterhin nie mehr gelingen sollte, zwei Flügel an einem Abend zur Strecke gebracht ...

Ausbruch des Ätna

1953

Es ist, als ob wir in die Morgensonne hineinfliegen wollten.
Die Maschine kurvt scharf nach links. Meine Fingerfertigkeit kommt mir in solchen Lagen besonders zugute: Ein Griff in die Lufttasche, und ich schieße auf gut Glück mit meiner alten Leica los.
Da sehe ich dem Ätna also ins riesige Antlitz. Ich sehe die zu dunkelster Schwärze erstarrten Glutbahnen unter mir. Dort – die feurige Lava, die seitwärts an der linken Brust des Riesen ausbricht.
Meine Gedanken wandern zu unserem großen Seher, dem Lynkeus von Weimar – was würde er hier nicht entdecken? Würde er nicht seine Theorie von der vulkanischen Erschaffung der Welt bestätigt finden, dankbaren Auges diese Welt unter ihm überschauend, die Worte vor sich hinsprechend:

»Vom Gebirg zum Gebirg
Schwebet der ewige Geist,
ewigen Lebens ahndevoll.«

So hätte er gesehen, so hätte er geschaut, mit einem Blick, ja eben mit seinem Götterauge, das große Zusammenhänge gleichsam mit Weitwinkelobjektiv entdeckt, anders als wir armen, ephemeren, am schlüpfrigen Boden klebenden Wesen …

Venedig

Januar 1960

Das Thermometer zeigt nur wenige Grade über Null. Venedig liegt im tiefen Winterschlaf. Die Gondolieri putzen die Laternen ihrer schwarzen Gondeln blitzblank – und wie sie damit fertig sind, beginnen sie von neuem mit dem Putzen in Ermangelung sonstiger körperlicher Bewegung, die sie wärmen könnte. Venedig scheint an diesem Tag endgültig gestorben zu sein.
Dumpf klingen die Schläge der Glocken von Sankt Markus herüber.
An einer der tausend kleinen Brücken mache ich halt, denn ein opalenes Licht malt seltsame Zeichen in das stehende Wasser der Lagune.
Es sind Zeichen für uns, an das Beständige sich anklammernd. Menschen nicht deutbar, da sie – die Zeichen –, kaum geboren, eine andere Gestalt annehmen. Mit leisem Schaudern verfolge ich eine Wasserratte, die, gehetzt, gejagt, eine Spur durch das abgestandene Wasser pflügt – das einzige Zeichen noch bestehenden Lebens.
Nur für kurze Zeit erscheint die Sonne über diesem Kanal, und es ist, als ob die alten, müden Paläste um ihre belebende Wärme bettelten.
Ja, es ist nicht leicht, alt zu werden, der Wärme zu entbehren, und es ist noch weniger leicht, in Venedig alt zu werden.
Doch, als wolle San Marco höchstselbst, noch immer verliebt in seine Stadt, mir eine Lektion ertei-

len, so folgt unter der Brücke hervorschießend eine große Gondel der längst verschwundenen Spur der Wasserratte – eine Gondel, aus der heiteres Lachen zu mir heraufschallt. Festlich geschmückte Menschen, die einen schützenden Wall um ein junges Mädchen bilden, das ein kleines Kind wie etwas kostbar Zerbrechliches in seinen Armen hält. Offenbar eine Taufgesellschaft auf der Fahrt in die nahe kleine Kirche. Wo mag die junge Mutter stekken? Da erinnere ich mich, die Mutter bleibt zu Hause, auch bei der Taufe, so will es die Sitte ...

Beglückt wende ich mich zum Gehen. Ich fühle, daß in die »città morta«, die tote Stadt, das Leben getreten ist. Vergangenheit und Zukunft reichen nun wiederum sich die Hände ...

Schwester Veronika

Donna Eliza, die kleine, dickliche Donna Eliza mit dem besten Herzen der Welt, allem fahrenden Volk der Musiker zugetan, Pianistin und Mäzenin in Lissabon, sie war es gewesen, die mir neben den Freunden Gaspar Cassadò und Pierre Fournier eine Art musikalischer Missionsreise nach Afrika vorgeschlagen hatte. Meinen Bedenken, dort vielleicht kein geeignetes Publikum vorzufinden, wußte sie auf ihre originelle Art zu begegnen: »Und die Tiere, die Löwen, Elefanten, Zebras, die Giraffen, Antilopen und Nilpferde, zählen die gar nicht?«
An diesem Köder, kaum ausgeworfen, hatte ich schon angebissen, und so kam die Reise zustande.

Als der leitende Arzt des Hospitals im portugiesischen Luanda mir diese Schwester vorstellen wollte, wehrte ich ab: »Keinen Namen bitte, darf ich Sie Veronika nennen, im Gedanken an jene Veronika, die dem Heiland auf seinem Wege nach Golgatha begegnete?«
»Nicht diese Veronika, nein«, entgegnete bescheiden die junge Schwester, »aber Veronika hätte ich gerne geheißen.« Sie nahm den kleinen, kranken Negerknaben an der Hand und folgte dem Arzt.
Am selben Abend spielte ich den Bach'schen Choral »Nun komm' der Heiden Heiland«.
Ich sah die leuchtenden Augen der Veronika vor mir, und mir wurde bewußt, daß auch heute noch Engel unter uns wandeln. Sie gehen auf leisen Sohlen wie einst und machen nicht viel Aufhebens.

Löwen in Gorongossa

Ich war wochenlang kaum aus dem Flugzeug herausgekommen. Wenn ich nach den Flügen zu den entfernteren Orten Angolas, die teilweise in alten Sportmaschinen »en miniature« absolviert werden mußten, wieder einmal eine »internationale« Maschine schnappte, dann lehnte ich mich genießerisch wie ein Nabob aus alten Tagen in den schlummerverheißenden Sessel zurück. Solches geschah nicht oft.
Auf eine harte Probe wurden meine beiden Schutzengel (wir brauchen in den Zeitläuften, in denen wir leben, deren zwei!) gestellt, als ich mit meinem alten Freunde, dem Farmer Friedrich Karl Wolf, nach der beendigten Konzertreise in Moçambique, in der Stadt Beira am Indischen Ozean, eine Sportmaschine kleinsten Formats bestieg, um in das Tierparadies Gorongossa zu fliegen.
Wir vier, der junge Kapitän, Wolf, seine Frau und ich, hatten in dem leichten Vogel gerade Platz. Gleich nach dem Start überfiel uns ein Tropenregen. Ich hatte das ungemütliche Gefühl, daß einer zuviel an Bord war und daß die kleine Maschine unter dem prasselnden Wolkenbruch buchstäblich absoff. Freund Wolf lächelte mir beruhigend zu. Ich versuchte, es ihm gleichzutun. Aber es reichte nur zu einer Grimasse. Erst als die Sonne wieder hervorbrach und unter uns ganze Elefantenherden sich deutlich vom braunen Gras des Busches abhoben, begann ich wieder aufzuleben.
Wolf zeigte auf ein kleines, im Regenwald ausge-

spartes Viereck und schrie mir zu, den Motorenlärm übertönend: »Unser Landeplatz! Leider von Warzenschweinen besetzt!«

Der Flugzeugführer, der vier Tage später mit demselben Flugzeug ins Meer stürzen sollte, versuchte, im Tiefflug die ehrbaren Borstentiere zu veranlassen, sich schleunigst zu entfernen. Die Biester dachten nicht daran. Endlich kam dem Kapitän der Gedanke, es mit akustischen Mitteln zu versuchen, und er ließ den Motor aufheulen, so, als wäre einem Brontosaurus der Urzeit der Schwanz abgeklemmt worden. Der Erfolg war verblüffend. In wilder Flucht stoben die so grausam aus ihrer Ruhe Gestörten davon, dem schrecklichen Vogel den Vortritt lassend.

Kaum waren wir in einen »Camion«, einen offenen Lastwagen, umgestiegen, da verfinsterte sich der Himmel aufs neue. Ich beschwor ihn in ohnmächtiger Verbissenheit, redete meiner Leica mit süßen Worten zu. Doch umsonst: meine Fotoausbeute verdampfte samt und sonders in den tropischen Wolkenbrüchen ...

Das war schade, denn gerade diese sintflutartigen Güsse trieben das Großwild aus seinen feuchtwarmen Niederungen. Um so weiter machte ich, stellvertretend für die Leica, meine Augen auf, Bild um Bild hereinlassend: Elefanten, Springböcke auf der Flucht, Zebras, deren nervöses Gebaren auf nahe Löwen schließen ließ, erschienen wie gespenstische Phantome in den Wolkenschleiern. Eine Lö-

win, die es sich bei dem grauslichen Wetter unter einer Wildpalme bequem gemacht hatte, wäre das Prachtstück der Fotoausbeute geworden. Doch sie verbat sich energisch eine Aufnahme, und ich gehorchte augenblicklich, denn ein böses Knurren, begleitet von wütenden Schlägen des königlichen Schwanzes, zeigte mir noch schlechteres Wetter an, als es schon war ... Sogleich aber, als ob ich entschädigt werden sollte, bot sich mir dann eine ganze Versammlung von männlichen Löwen in heraldischer Positur an, die es unter ihrer Würde hielten, überhaupt von uns Notiz zu nehmen.
Als ich den letzten Film meiner inzwischen wieder funktionstüchtigen Leica verschossen hatte, brach die Sonne hervor – und jetzt erst enthüllte sie mir das großartigste Landschaftsbild, das bisher unter schwarzen Wolkenvorhängen verborgen gewesen war, ein in Urzeiten erstarrtes Meer, an das in unendlicher Ferne ein Gebirge anbrandete. Ich begriff nun, daß diese unendliche Weite es dem vor Jahrzehnten Eingewanderten schwermacht, sich in unserer europäischen Enge wieder zurechtzufinden. Man verlernt hier das Sprechen, man verläßt sich auf seine Hände, arbeitet und läßt bei der Arbeit seinen Blick in diese unergründliche Ferne schweifen, die Afrika heißt. So ging es auch meinem Freunde Wolf.
Auf dem Rückflug nach Beira fiel nur hier und da ein Wort – aber wir fühlten, daß dreißig Jahre bei jedem von uns schweigende Arbeit geleistet hatten.

Besuch bei Selma Lagerlöf

Über meiner ersten schwedischen Reise, die mich von Malmö bis Lappland, von Göteborg bis zur Insel Gotland führte, stand ein besonders günstiges Gestirn. Wohl war ich als Orgel- und Klaviersolist mit dem Berliner Hof- und Domchor, den damals der unvergeßliche Hugo Rüdel leitete, schon in vielen Städten gewesen. Doch diesmal hatte ich, vom väterlichen Freund, dem Erzbischof Nathan Söderblom, ermuntert, den Sprung auf das Konzertpodium als »Bach- und Beethoven-Interpret« gewagt.

Bei den ersten Konzerten in Stockholms »Musikaliska Akademien« war mein Vater unter den Zuhörern gewesen, der sich nicht genug darüber wundern konnte, welch warmer Empfang seinem Sohn zuteil wurde.

»Was ist mit dir geschehen?« so fragte er mich ein um das andere Mal. »Du spielst hier ganz anders als zu Hause. Wie kommt das nur?«

»Ganz einfach ist das«, antwortete ich; »wenn ich vor das schwedische Publikum trete, dann schlägt mir eine Woge an Sympathie entgegen, die trägt mich und hebt mich über mich selbst hinaus.«

Als der Vater nach Potsdam zurückkehrte, wo er in Sankt Nikolai an der Orgel erwartet wurde, reiste ich allein weiter. Ich spielte nicht nur in den großen Konzertsälen wie dem Stockholmer Auditorium oder Göteborgs Konzerthaus, der Aula der Uppsala-Universität, die fast zweitausendfünfhundert Per-

sonen faßte, nein, auch die kleinen Städte in Westergötland, in Norrland wollten den »jungen Spielmann« hören.
Am Schluß eines Konzertes erschien meist der »tonangebende« Musiker des Ortes auf dem Podium, um mir coram publico ein fein säuberlich aufgeschriebenes Thema mit der Bitte zu überreichen, darüber zu improvisieren. Oft war es leider ein Thema, dem es auf den ersten Blick anzusehen war, daß es unter unsäglichen Mühen ausgeschwitzt worden war. Am liebsten improvisierte ich über eines der herrlichen Volkslieder. Eines von ihnen hat mir dann die Bekanntschaft von Schwedens größter Dichterin verschafft.
In Falun war es, der alten Bergwerkstadt im Herzen der sagenumwobenen Provinz Dalarne, als nach dem Konzert eine schon bejahrte Dame auf mich wartete und mir für die Freude dankte, die ich ihr mit der Improvisation über das von ihr geliebte Volkslied gemacht hätte – »gerade über dieses Lied, in dem in Wort und Ton die Sehnsucht bis zu den Sternen dringt«.
Sie sei nicht musikalisch genug, um Bachs und Beethovens Musik zu begreifen, sagte sie und fragte mich, ob ich sie nicht am nächsten Tag besuchen wolle, gab mir Straße und Hausnummer an und nannte leise ihren Namen: Selma Lagerlöf. Außer mir vor Freude streckte ich ihr beide Hände hin mit dem Ausruf: »Die ›Majorin von Ekeby‹ persönlich.«
In der darauffolgenden Nacht war viel Schnee gefal-

len, und ich hatte mir schon Gedanken gemacht, wie ich wohl zu dem Haus der Dichterin gelangen sollte, das in der Umgebung von Falun lag. Da hörte ich vor meinem Hotel fröhliches Schellengeläute. Ich unterhielt mich gerade mit dem Portier, als ein Riese im langen Schafspelz hereintrat und laut verkündete, er sei gekommen, den jungen deutschen Pianisten abzuholen. Er habe sich wegen der teilweise meterhohen Schneewehen verspätet. Frau Lagerlöf warte schon auf mich.

Ich freute mich, daß ich auf diese Weise zu einer Schlittenfahrt kam, was mir als die schönste Vorbereitung zu dem Besuch bei der von mir schon als Kind verehrten Frau galt. Bald lag die Stadt hinter mir, und in sausender Fahrt ging es durch einen im Rauhreif glitzernden Tannenwald. Dann standen wir vor dem Haus der Dichterin.

»Kommen Sie schnell herein. Draußen ist es heute kalt, minus fünfundzwanzig Grad. Drinnen aber haben wir es schön warm«, und schon hörte ich das knatternde Feuer im Kamin, der wichtigsten Einrichtung eines jeden schwedischen Hauses.

»Wie wäre es mit einer Tasse Kaffee? Der steht bei uns im Norden immer bereit, um die Gäste aufzuwärmen. Hoffentlich trugen Sie bei der Kälte warme Handschuhe?«

»Nein, so etwas trage ich nicht. Pianisten haben immer warme Hände, Organisten warme Beine, das hat die Natur so eingerichtet.«

Selma Lagerlöf führte mich an den Eßtisch, wo ich

mich zwanglos selbst bedienen sollte. Dann mußte ich mich zu ihr setzen.
»Sagen Sie mir«, so begann sie mich zu fragen, »wie kommt das, daß mir gestern Ihre Improvisation einen größeren Eindruck gemacht hat als alles andere, was Sie noch gespielt haben? Ist das ein Zeichen, daß ich noch nicht gelernt habe, Musik richtig zu hören?«
Da ich zögerte und nicht gleich antwortete, sagte sie begütigend: »Lassen Sie sich ruhig Zeit. Vielleicht können Sie mir das Rätsel lösen helfen.«
»Ich meine«, begann ich nun, »eine Improvisation schafft aus dem Augenblick. Sie ist nicht wiederholbar, und täte man es doch, so wäre aller Zauber dahin. Beethoven soll mit seinen Improvisationen einen ungeheuren Eindruck auf die Zuhörer gemacht haben. Es war, als ob ein Blitz vom Himmel fiel. Doch damit war es auch getan. In seinen Sonaten, Symphonien ist ein Licht angezündet, das noch heute brennt und nicht erlöschen wird. Ich muß gestehen, mir war schon oft nicht wohl in der Rolle des Improvisators. Ich fühlte mich dann wie der Artist auf schwankendem Zirkusseil! In einer Bachschen Fuge, in einer der Sonaten Beethovens herrschen andere, höhere Gesetze. Wollte man bei ihrem Vortrag, der nicht ein Neuschaffen, sondern ein Nachschaffen erfordert, wollte man dort improvisieren, dann würde man alles das, was durchdacht, was von bezwingender Logik ist, zerstören. Um Gesetze zu befolgen, muß man sie auch kennen.«

»Ich verstehe«, sagte sie nun mit einem Lächeln. »Ich war gewiß noch nicht richtig vorbereitet für Bach und Beethoven. – Und nun noch eine Frage: Ist das wahr, haben Sie besondere Vorstellungen, wenn Sie spielen, oder«, und hier wurde es mir beinahe unheimlich, »erscheinen Ihnen die toten Meister, sprechen sie zu Ihnen?«

»Nein, nein«, wehrte ich ab, »so nicht. Ich denke nur an sie. Wenn es bei Beethoven geschieht, daß er uns bis ins tiefste ergreift, ja, dann ist er gegenwärtig, ist bei uns, ist in uns. Dies, ja dies weiß ich genau.«

Da trat die Schwester Selma Lagerlöfs zu ihr. Sie meinte, es sei nun Zeit auszuruhen.

»Ja, das brauchen *Sie* noch nicht. Wie jung Sie sind – wie jung. Farväl, farväl«, und im Gehen winkte sie mir zu.

Ellen Key

In Jönköping, am Vättersee, von dem die alten Bauern dort behaupten, er sei durch einen unterirdischen Strom mit unserem Bodensee verbunden, hatte ich kurz nach meinem Besuch bei Selma Lagerlöf eine höchst anregende Begegnung mit Ellen Key. Ich weiß nicht, ob die beiden völlig verschiedenen Frauen sich je die Hand gereicht haben. Ellen Key, Verfasserin der Bücher »Das Jahrhundert des Kindes« und »Mißbrauchte Frauenkraft«, war als tapfere Vorkämpferin der Frauenemanzipation eine weltbekannte Persönlichkeit. Ruferin im Streit, immer dort erscheinend, wo das Gewissen ihr es befahl, wirkte sie, die kleine, weißhaarige Frau mit dem Löwenhaupt, wie eine Feuerpriesterin, die die Fackel unentwegt über den Häuptern der ihr blind ergebenen Tempelhüterinnen schwingt.
War sie mir in meinem Konzert schon durch ihr außergewöhnlich temperamentvolles Wesen aufgefallen, so legte sie bei der Nachfeier in ihrem reizenden Hause am Vättersee schon bei der ersten Tischrede eine handgreifliche Probe hierüber ab. Mit hymnischen Worten schilderte sie den Eindruck, den Beethovens »Appassionata« auf sie gemacht hatte, sich ihrerseits nun derart übersteigernd, daß sie mit einer alle umfassenden, umarmenden Gebärde eine ganze Reihe Rotweingläser vom Tisch mähte. Die Gäste schrien vor Entsetzen laut auf, doch sie erhob sich (man sah es ihr an, wie gerne sie bei dieser Gelegenheit größer gewesen wäre ...) und sprach die Worte: »Ihr enttäuscht mich! Was bedeuten diese

ärmlichen Gläser?», nahm das des ihr gegenübersitzenden Gastes und knallte es auf das bereits stark errötete Tischtuch: »Nichts, das sage ich euch, behaltet es im Gedächtnis, nichts bedeutet das verglichen mit dem, was wir uns vorgenommen haben, mit dem, wofür wir kämpfen.«

Ich fand, sie war eine herrliche Frau – in diesem alles bewegenden Augenblick.

Bei Jean Sibelius

Mai 1957

Nun bin ich endlich einmal wieder hier. Ich sehe mich um im Musikraum des Meisters. Alles steht noch an seinem alten Platz, es ist also noch »das alte Heim« (so der Titel einer Komposition von Sibelius). Die Mittagssonne malt goldene Kringel auf den Arbeitstisch.

Hat er jemals an ihm gesessen? Oder war es nicht vielmehr im Walde, wo dieser alte, zaubergewaltige Sänger Väinämöinen Jean Sibelius über die Schulter schaute, wenn er am Steintisch saß, das Haupt nachdenklich aufgestützt. Jener Väinämöinen aus dem Volksepos »Kalevala«, bei dessen Musik die Menschen weinen, die Tiere der Erde, des Meeres und der Luft sich einstellen, Sonne und Mond ihren rasenden Lauf verlangsamen, um dem finnischen Orpheus zu lauschen.

Ein leiser, knackender Laut läßt mich auffahren. Sibelius ist eingetreten. Aufrecht steht er, der Zweiundneunzigjährige, im Türrahmen.

Dieser Blick! Er überspringt das Gegenwärtige, kommt aus mythischer Ferne. Väinämöinen, richtig, das ist er! Dieser gemeißelte Schädel ist fast zu schwer, zu gewaltig für einen Menschen unserer Tage ...

Das Gedächtnis dieses großen Musikers ist ohne Beispiel.

»Das letzte Mal«, so spricht er, »spielten Sie Beethovens Hammerklaviersonate für mich. Bitte heute ›da capo‹ – oder ist dies eine unbescheidene Bitte?«

Die Gabe dieses Mannes, auch beim Zuhören alle geistigen Kräfte auf den Plan zu rufen, springt auf mich über. Es ist so, als sei ich zum olympischen Stafettenläufer geworden; ich übernehme von ihm das Feuer und trage es weiter. Beim Adagio, dem großartigsten Monolog, den Beethoven je geschrieben hat, kommt mir erst richtig die Erkenntnis, daß nur dieses Werk und kein anderes für ihn, den großen Einsamen von Jarvenpää, in dieser Stunde erklingen darf.

Als ich geendet habe, sagt er mir: »Sie haben nicht wie ein Pianist gespielt, sondern wie ein Mensch.«

April 1959

Zwei Jahre später stehe ich mit Kai Sibelius am Grabe ihres Vaters. Er schläft im Walde, nicht weit von seinem Hause. Eine Art Thingstätte, um die große Natursteine geschichtet sind.

»Am Vorabend seines Todes sah mein Vater«, erzählte Kai leise, um den ewigen Schlummer ihres Vaters nicht zu stören, »an dieser Stelle drei Reiher, die ihren Weg nach Süden nahmen. Beglückt schaute er ihnen nach und winkte ihnen zu. Da kehrten sie um, diese herrlichen, großen Vögel, und zogen nochmals ihre Kreise über unserem Haus.

Ihre Schwingen waren von den Strahlen der untergehenden Sonne angeleuchtet. Da kehrte auch der Vater um und erzählte der Mutter, was er gesehen. Als die Mutter dies hörte, erschrak sie, er aber sagte still und unendlich liebevoll: ›Sie kamen, um mich zu holen.‹«

Ausbruch des Ätna 1953

Kanal in Venedig

Vor dem Hospital in Luanda, Angola

Sarazenen in der Alhambra

Sarazenen in der Alhambra

Der Geschichtskundige wird ein großes Fragezeichen unter dieses Bild machen. Die Sarazenen noch heute in Granada? Wo doch der letzte Kalif im Entdeckungsjahre Amerikas tränenden Auges die Alhambra verließ, deren Herrlichkeit zu beschreiben nicht einmal die blumenreiche Sprache der Araber genügte. Ich habe es mir deshalb versagen müssen, Aufnahmen aus diesem spanischen Paradies vorzuführen. Denn auch die beste unter ihnen aus dem Löwenhof stellt nur einen schwachen Abglanz dessen dar, was uns beseelt, wenn wir den gleichsam mit Orangenduft angereicherten Namen Granada aussprechen. Diese Gärten der Kalifen, der Prinzessinnen sind voller Musik. Eine Musik der tausend leise rauschenden und raunenden Fontänen, deren süße, elegische Sprache ans Herz greift.
Kein Wunder, daß man auf den Gedanken verfiel, in dieser einzigartigen Umgebung alljährlich Musikfeste stattfinden zu lassen. Da gab es dann ein freudiges Begegnen mit dem Orchester Nacional von Madrid und seinem genialen Leiter Ataulfo Argenta, mit dem großen Gitarristen Andres Segovia, dem herrlichen Cellisten Gaspar Cassadò und mit Victoria de los Angeles, deren Stimme, wie ihr Name sagt, von den Engeln kommt ...
Bei der Nachfeier nach einem Konzert, die bis in den Morgen währte – die Konzerte in der Alhambra beginnen erst um Mitternacht –, wurde die Frage aufgeworfen, inwieweit die siebenhundert Jahre dauernde Besetzung durch die Araber sich kultu-

rell ausgewirkt, ja vielleicht den Nationalcharakter der Spanier verändert habe. Meiner Meinung, daß ich sogar aus den Werken der spanischen Komponisten, zum Beispiel bei Manuel de Falla, noch feingeschwungene, musikgewordene Arabesken heraushöre, wurde nicht widersprochen, sie wurde sogar leidenschaftlich bejaht. »Könnt ihr euch vorstellen«, wagte ich weiter den Faden zu spinnen, »ob Philipp der Zweite, wenn er die arabischen Länder unterworfen hätte, Ähnliches vollbracht hätte? Erschlägt nicht geradezu der Palast seines Vaters Karls des Fünften mit Pauken und Trompeten die so unendlich fein instrumentierte Musik der Alhambra?«

Am nächsten Morgen hatte mir Argenta als Treffpunkt für eine Besprechung den Palast Karls des Fünften vorgeschlagen. Ich suchte vergeblich nach ihm die verschiedenen Eingänge ab, entdeckte dafür aber zu meinem maßlosen Erstaunen eine Versammlung von Arabern – ich schloß auf Rifkabylen aus Nordafrika –, die mich in Panoptikumsstellung unbeweglich mit furchterregenden Augen anblickten.

Plötzlich zog der Oberste wie Cid sein Schwert – das Zeichen für seine Leibwache, in ein Fortissimogeschrei auszubrechen. Da erkannte ich meinen lieben Freund Ataulfo, der mit seinen Getreuen sich diese Huldigung der alten Araber an ihre geliebte Stätte Alhambra ausgedacht hatte.

Der Myrtenhof als Konzertsaal

El Patio de los Arrayanes

Das ist wahrlich der eigenartigste Konzertsaal! Der Betrachter fragt mit Recht: Stammen denn hier die Zuhörer aus Keikobads Reich, aus dem Reich der Wassermänner und Nixen? Nimmt doch das große Wasserbecken die ganze Mitte ein!
Nun, der Spanier weiß Rat. Hatten es die Mauren fertiggebracht, in diesen Räumen zu wohnen, die uns als eine steingewordene Huldigung an die Schönheit erscheinen, so werden die Zuhörer dieser Pracht zuliebe auf den Komfort der modernen Konzertsäle, im Geist der nüchternen Sachlichkeit erbaut, verzichten. Auch der Künstler tut dies, wenn er den ihm als »Künstlerzimmer« angewiesenen traumhaft schimmernden Vorhof betritt. Den einzigen Luxus bildet ein einfacher, wackeliger Stuhl... Der Großteil des Publikums verzichtet freiwillig auf solche Exzesse. Er breitet eine Decke auf dem kostbaren Mosaikfußboden aus.
Zu Beginn des Konzertes, bezeichnenderweise beim »Rappel des oiseaux« des großen Clavecinisten Jean-Philippe Rameau, dominierte noch das Gezirpe der Mauerschwalben, die in rasendem Flug die Türme der Alhambra umkreisten, als wollten sie daran erinnern, daß sie hier zu den Alteingesessenen gehören.
Doch dann breitete Dämmerung sich aus. Ein Vogel nach dem anderen suchte sich seinen gewohnten Schlupfwinkel. Die Gestalten der Zuhörer, die zu beiden Seiten der Myrtenhecke postiert waren, verloren nach und nach jegliche Kontur und ver-

schwammen im alles auflösenden Fis-Dur der Liszt'schen »Wasserspiele der Villa d'Este«.
Mir war zumute, als würde hier ein letzter Rest der Schwere von den Geistern des feuchten Elements aufgehoben. Ich sah wohl meine sich bewegenden Finger, aber ich sah sie gleichsam in ihrem eigenen Spiegelbild.
Zu allem Überfluß zeichnete nun der Vollmond silbrige Arabesken auf die Wasserbahn, über welcher die Tonkaskaden im Pianissimo versprühten. Die Töne gelangen hier durch das geheimnisvolle Element des Wassers gefiltert an die Ohren der Zuhörer, auf einem Umweg also. Doch dieser Umweg vollbringt das Wunder einer märchenhaften Akustik.
Auch die für das »Ambiente« so empfänglichen Spanier spürten den Anruf dieser Stunde. Sie sparten sich den Beifall bis zum Ende des Konzertes auf, der auch dann erst losbrach, als das grelle Licht aufflammte, das die Geheimnisse des Myrtenhofs der nackten, gleißenden Wirklichkeit preisgab.

Intermezzo aeronautico

Zeit: Mittsommer 1934
Stunde: drei Uhr morgens
Ort: an Bord des Luftschiffes »Graf Zeppelin«

Mit unsanfter Höflichkeit werde ich aus der gemütlichen Koje gezogen, wie es so die Art der Reporter ist. Vor Aufregung heiser schreit mir der gute Mann ins Ohr: »Wir haben sie, hören Sie doch, wir haben sie.«
»Wen haben Sie, wen denn?« fauche ich zurück. »Wecken Sie doch meinen Nachbarn nicht auf.«
»Na, wir haben sie endlich, die Verbindung mit Radio Prieto, Buenos Aires. Wir brauchen einen Prominenten, helfen Sie mir doch.«
Ich greife nach meinen Kleidern, doch der junge Mann protestiert: »Keine Zeit, Maestro, kommen Sie im Pyjama, ich flehe Sie an.«
In der Funkkabine steht schon der Kapitän Lehmann. Er gibt Auskunft über Position, über das Wetter, über die Stimmung der elf Passagiere, die diesen Jungfernflug mitmachen.
Nur mühselig kommen die Worte vom anderen Ende der Welt angewirbelt. Aus einem Haufen unverständlicher Töne muß sich der Gefragte ein ihm bekannt dünkendes Wort als Rettungsanker herausfischen und sich daran festbeißen.
»Das Wetter?«
»Starker Gegenwind.«
»Temperatur?«

»Sommerlich warm.«
»Position?«
»Überfliegen gerade die Kanarischen Inseln.«
»Höhe?«
»Nun, normal, siebenhundertfünfzig Meter. Und bei euch da drüben?«
»Winterstürme über dem La Plata. – Barometer?«
»Steigend.«
»Also auf bald! Hasta Luego.«
»Jetzt kommen *Sie* dran«, meint der Kapitän zu mir, und er schaut jetzt aus wie ein Schuljunge, der sich freut, den peinlichen Fragen seines Lehrers entronnen zu sein.
»Wer spricht jetzt?« höre ich fragen.
»Kempff«, trompete ich in die Membrane, »el pianista Kempff (warum heiße ich nicht Müller, verflucht noch mal? denke ich), Kempff, el pianista.«
»Ah«, trompetet es froh zurück, »el pianista del Zeppelino, wie gefällt es Ihnen da oben?«
»Bonito, muy bien, come lindo, esta una monada, una maravilla«; dies sind die einzigen spanischen Brocken, die ich an Bord des Zeppelins aufgeschnappt hatte.
»Warum spielen Sie nicht im Teatro Colón?«
»Noch zuwenig bekannt, kleiner Pianist, kleines Theater, Teatro pequeno, Teatro Odeon, gute Akustik, sagt mein Impresario Iriberri.«
»Viel zu kleines Theater«, ruft es merklich schwä-

cher, »ganz Buenos Aires will den Zeppelinpianisten hören, toda cuidade.«
»Hasta Luego!« rufe auch ich zurück, doch da gibt mir der Steward Kubisch ein Zeichen, jener Kubisch, allen Zeppelinfahrern als Teufelskerl in jeder Lage bekannt. Er zeigt unmißverständlich auf das Etikett einer kleinen Grammophonplatte und dann auf einen Kofferapparat.
Der Reporter begreift sofort, was hier gespielt werden soll. Er ruft aufgeregt ins Mikrofon: »Hier Radio Prieto an Bord des Luftschiffes Graf Zeppelin. Meine lieben Landsleute in Argentinien, Sie hören jetzt zum Schluß unserer historischen Übertragung anläßlich des ersten Fluges Deutschland–Argentinien das Morgenständchen von Schubert, gespielt vom Pianisten Wilhelm Kempff. Die Worte lauten: ›Horch, horch, die Lerch' im Ätherblau.‹ Während Sie sich zu Bett legen, beginnt bei uns schon wieder der Dienst. Hören Sie.«
Aus dem kleinen Apparat kommen die Klänge Schuberts. Die Motoren des gewaltigen Luftschiffes geben einen herrlich dunklen Untergrund. Jubelnd steigt es empor, als ob tausend Lerchen sich aufschwingen würden und sich den kurzen Wellen der Lüfte anvertrauten, um im gleichen Augenblick zu Boten, zu lieblichen Boten des Firmaments zu werden.
Vor der Funkkabine aber hatten sich jetzt die anderen Passagiere eingefunden, leise den Kopf hin und her wiegend, je nach Veranlagung im oder gegen den

Rhythmus dieses bezaubernden Liedes. Als nun der Refrain

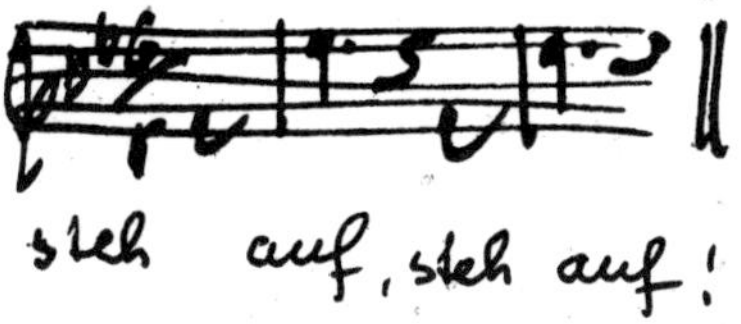

zum drittenmal ertönte, da wurde das Summen allgemein. Es summten nicht nur die Passagiere, es summten die beiden Stewards (die Stewardeß war noch nicht erfunden), die Maschinisten, der Funker, ja, mir wollte scheinen, als wollten die Motoren mit ihren ungefügen Bässen nicht zurückstehen. Ja, sogar die Küche erklärte: »Heute gibt's gleich Frühstück, wer könnte jetzt noch schlafen?«
Und so geschah es.
Als wir zwei Tage später in Pernambuco, unserer ersten Station, landeten, sahen wir zu unserer Freude Dr. Hugo Eckener bei den Landemannschaften stehen. Eckener, mir schon aus meiner Stuttgarter Zeit als Musikfreund bekannt, summte sogleich den Refrain, so daß wir wußten, auch er hatte einen guten »Empfang« gehabt.
Dies war also meine luftige »Entrata« nach Brasilien, nach Argentinien. Sie stand, wie auch der Rückflug, unter einem guten Stern. Drei Jahre später betrat ich wieder in Friedrichshafen den geliebten »Graf Zeppelin« mit dem Ziel: gesamtes Südamerika. Meine Absicht, auch zurück wieder die luftige Reise zu wagen, durchkreuzte die furchtbare Nach-

richt von der Vernichtung der »Hindenburg« bei der Landung in Lakehurst.
Späterhin benutzte ich das Flugzeug für meine Reisen nach Südamerika. Aber meine Liebe gehört noch heute dem Zeppelin. Wer könnte mir dies verdenken?

Fatale Ritardandi

Bei einfallender Abenddämmerung machte ich noch schnell einen Gang durch die Straßen der argentinischen Stadt, die den nach Rosen und Liebe duftenden Namen Rosario trägt.
An einem der wenigen Wolkenkratzer jagte ein beleuchtetes Spruchband wie ein aufgeregtes Lama hin und her, ermahnte den Zeitgenossen zum eifrigen Gebrauch der Zahnpasta »Dentofragofrigofix« – oder wie sie gerade heißen mochte –, brachte aber zwischendurch die neuesten Nachrichten im Telegrammstil.
Plötzlich blieb ich wie angewurzelt stehen, um zu begreifen, was da die hastig vorübereilenden Buchstaben verkündet hatten: »Präsident Hindenburg auf Gut Neudeck gestorben.«
Ich starrte noch immer auf den rasenden Telegrammstreifen dort oben, der nun schon wieder bei einem anderen Thema angelangt war, indem er den Zeitgenossen zum rechtzeitigen Abschluß einer Lebensversicherung aufforderte. »Auch Sie sind nicht unsterblich«, so hieß es. Man hatte es augenscheinlich nötig, von Zeit zu Zeit daran erinnert zu werden.
Im Hotel angelangt, fand ich ein Telegramm vor, in welchem ich gebeten wurde, die musikalische Umrahmung der Trauerfeier im Teatro Colón in Buenos Aires zu übernehmen. »Sonntag mittag elf Uhr dreißig«, hieß es. »Da Sonnabend Konzert Montevideo schon um achtzehn Uhr, erreichen des La-Plata-Dampfers Hafen von Montevideo noch um

einundzwanzig Uhr gewährleistet. Kabelt Programm – Busch vorschlägt Bach und Beethoven.« (Fritz Busch war der damalige musikalische Leiter des Teatro Colón.)
Der Leser ahnt wohl bereits, daß diese Reise zur Trauerfeier für den alten Feldmarschall nicht unter normalen Umständen vor sich gegangen ist. Ja, so war es! Seit dem Augenblick, da jene spukhaft vorüberrasenden Schriftzeichen in Rosario den Tod Hindenburgs verkündet hatten, fraßen sich diese Buchstaben wie höllische Zweiunddreißigstel-Noten  in mein Unterbewußtsein ein.
Da trieben sie unentwegt ihr Wesen oder, besser gesagt, ihr Unwesen, auf den Augenblick wartend, wo sie unverschämt ihre kleinen (Noten-)Köpfe erheben würden, um mich in eine der ärgsten Situationen meines ohnehin schon aufgeregten Daseins zu versetzen.
Kurz: Infolge einer durch einen Zusammenstoß dreier Wagen verursachten Sperrung der Straße zum Hafen verpaßte ich in Montevideo den Dampfer, der den Reisenden in einer Nachtfahrt über den zweihundert Kilometer breiten schmutziggelben La Plata nach Buenos Aires bringt.
Noch sehe ich mich stehen mit dem damaligen deutschen Botschafter – sehe uns beide mit kindlich ungläubigem Staunen die sich immer weiter entfernenden Lichter des großen Dampfers anstar-

ren, als könnten die förmlich heraustretenden Pupillen ihn zur Umkehr bewegen.
Aber das Schiff zog seines Wegs mit einer Ruhe, die mir geradezu empörend dünkte, da nun aus den Zweiunddreißigstel-Noten des Menetekel-Spruchbandes Vierundsechzigstel-Quälgeister mit Spinnenbeinen  geworden waren, die mir zu Leibe gingen und mich in Wut versetzten.
Ich verfluchte Argentinien, verwünschte Hindenburgs Abscheiden aus dieser sowieso schon miserablen Welt, verdonnerte die geplante Trauerfeier mit schwarz ausgeschlagenen Pylonen, lodernden Pechflammen, so daß der so freundliche Botschafter zuerst mal auf Distanz hielt und einen Schritt zurücktrat. Vor uns der vom Sturm gepeitschte Riesenstrom, dessen träge Fluten einen nicht gerade lieblichen Duft verbreiteten.
»Was nun?« flüsterte der Vertreter unserer Nation.
»Motorboot ... Flugzeug«, sprudelte ich heraus, alle sonst üblichen diplomatischen Formen außer acht lassend.
»Ad eins«, antwortete der, »leider nicht möglich. Zweihundert Kilometer in der Nacht, in dieser Nacht des Sturmes, nein, das unternimmt kein Fischer aus Uruguay.
Ad zwei: Flugzeug – noch weniger möglich. Es ist Wochenende, laut Gesetz dürfen keine außerfahr-

planmäßigen Maschinen von Uruguay nach Argentinien fliegen. Bedaure.«
»Mein Gott, da hört man, Amerika ist das Land der unbegrenzten Möglichkeiten«, fauchte ich, »da ist ›ad eins‹ nicht möglich, ›ad zwei‹ nicht möglich, warum läßt man sich in solche Länder überhaupt verlocken. Bei uns daheim gibt es immer noch ein ›ad drei‹, ›ad vier‹, es gibt nur einen Ausdruck für diese Situation: eine aufgelegte Sch …, finden Sie nicht, Herr Botschafter?«
»Gott sei Dank«, antwortete er, »jetzt ist es heraus, jetzt wird Ihnen besser zumute sein. Also, was nun? Wenn die Behörden versagen, dann gibt es nur eins: Eine Frau muß Hilfe bringen. Telefonieren wir! Fahren wir zurück in die Botschaft, sprechen wir alle Möglichkeiten durch, hier am Strand ist es zudem ungemütlich, Sie sind im Frack, noch erhitzt vom Konzert.«
»Ja, ich sehe eben, daß ich den Frack noch anhabe – dieses vermaledeite Schiff hat alle meine Bewußtseinskräfte mit an Bord genommen, ich bin nur noch ein steuerloses Wrack.«
»Lassen Sie nur, Professor, bald werden Sie wieder Segel setzen, wie ich Sie zu kennen glaube, morgen um die Zeit wird Ihnen wohler sein.«
Das Telefon erwies sich als Rettung, wir erreichten »Negrita« noch in der Nacht. Negrita, die betagte, aber immer noch jugendliche Negrita, die Mäzenin von Buenos Aires, in deren Haus Toscanini, Rubinstein, Backhaus, Segovia, Firkušný und ihre be-

rühmten und minder berühmten Kollegen jederzeit eine offene, zu Gastfreiheit und Geborgensein führende Tür fanden.

Sie wußte sofort Rat.

Man müßte mich im Wagen nach dem Hafen Carmelo bringen, wo der Strom nur achtzig Kilometer breit sei. Dorthin würde eine Lancia, ein kleines Rennboot, dirigiert, das mich in der Morgendämmerung nach der Mündung des Tigreflusses bringen würde.

So geschah es. Der Botschafter ließ es sich nicht nehmen, mich zu diesem verabredeten Hafen zu begleiten. Der Diener brachte Decken und warmen Tee, denn die Nächte des uruguayischen Winters haben es »in sich«, hieß es.

Noch erinnere ich mich an diese Autofahrt durch einen guten Teil Uruguays, erinnere mich an die plötzlich vor uns magisch aufleuchtenden Augen der unzähligen Schafe. Man konnte beim besten Willen diese Straße nicht als Straße bezeichnen. Das Auf und Ab der aufgeweichten Grasnarbe erzeugte eine Müdigkeit, wie ich sie seit den Zeiten, da ich noch ein Säugling war, nicht mehr verspürt hatte. Das Ziel Carmelo schien mir statt näher immer ferner zu rücken. Bis dann mich Lichtempfindlichen die erste Dämmerung aus dem qualvollen Halbschlaf erlöste und ich den Botschafter sagen hörte: »Noch fünf Kilometer, und wir sind am Ziel.«

Dort wartete schon das Boot. Ein Blick auf den

unverhältnismäßig großen Außenbordmotor ließ mein Hoffnungsbarometer steigen. Noch vier Stunden waren es bis zum Beginn der Totenfeier – also »buen viaje«, »gute Fahrt«, und schon heulte der Motor auf. Erst beim ersten gewaltigen Spritzer, der meinen neuen Frack völlig durchnäßte, wurde mir bewußt, welches Tempo wir hier hatten.

Nun, da die Sonne durch die Wolken brach, die beiden Schiffer sich als ehrliche Häute entpuppten, da schien mir plötzlich die Welt nicht mehr detestabel ...

Nach zwei Stunden schon tauchte die flache argentinische Küste auf, Palmen, Eukalyptusbäume, wie herrlich wärmte jetzt die Sonne nach dieser Nachtfahrt!

Winkende Menschen, ah, da sind ja Negrita und eine Menge deutscher Freunde, auch Mrs. Grether, die mit ihrem Buick gekommen war, denn ich müsse mich doch umziehen während der Fahrt, die Diplomatie halte auf strenge Beachtung der Garderobenvorschrift für Trauerfeiern und Staatsbegräbnisse.

Punkt halb zwölf taumelte ich hinter den Kulissen des riesigen Teatro Colón in die Arme von Fritz Busch. Die Pechflammen loderten wirklich schon, es war keine Zeit mehr zu verlieren. Erst am Flügel fand ich mein Gleichgewicht wieder ...

Nach der Feier tippte mir eine leise Hand auf die Schulter. »Vamos, gehen wir!« Es war mein Impresariofreund Iriberri. »Maestro Williams erwartet

Sie, der Musikpapst von Buenos Aires, Sie wissen, er hat hundert Leute in seinen Marmorpalast geladen, Empfang Ihnen zu Ehren.«
»Vamos«, so hauchte ich, »gehen wir«, und ich dachte einen Augenblick lang an den alten Feldmarschall, der nun Ruhe vor der Welt haben durfte ...

Solche und ähnliche Erlebnisse bringen es mit sich, daß in meinen Träumen Züge rücksichtslos den Bahnhof verlassen und ich allein dem gerade noch sichtbaren letzten Wagen sprachlos nachschaue. Daß ich in der großen Wartehalle des Flughafens eingeschlafen bin und die Stimme der Stewardeß im Lautsprecher höre: »Attention please, attention please«, die mich namentlich aufruft, mich sofort durch den Ausgang B, Flugsteig 6 an die Sperre zu begeben.
»Dieses ist der letzte Aufruf!« droht nun die Stimme.
»Ich träume ja nur«, denke ich und bleibe wie ein Bleiklotz angeschmiedet. »Herrlich, dieses Auskosten der Müdigkeit!«
Als ich plötzlich wach werde, stürze ich zum Ausgang B und sehe gerade noch mein Flugzeug donnernd gen Himmel fahren.
Der Traum hält aber noch andere Sensationen bereit, die gleichfalls mit dem Motto »Zu spät« zusammenhängen. Da gibt es noch andere schreckliche Ängste auszustehen.

Es gibt Klavierkonzerte, ich meine Konzerte für Klavier und Orchester, in welchen der Solist vom Komponisten nicht in Ruhe gelassen wird. Er muß gleichsam dauernd in den abfahrenden Zug springen, um den Anschluß nicht zu verpassen.
Der Traum macht hier nicht viel Federlesens: erstauntes Gesicht des Orchesterleiters und – was noch schlimmer ist – mitleidige Blicke der Musiker, während sich eine fürchterliche Stille, in der weder der Solist noch das Orchester zu hören ist, beklemmend auf den überfüllten Saal legt.
Nein, Gott bewahre mich vor Verspätungen. Jetzt fahre ich immer schon eine Stunde früher als nötig zum Bahnhof, zum Flugplatz. Fasse vor Ausgang A oder Ausgang B Posto wie ein Nachtportier und entdecke kurz vor dem Abflug, daß ich mich auf dem falschen Flughafen befinde, statt »Ciampino West« in »Campino Ost« oder statt »Orly« in »Charles de Gaulle«.

G.A.J. 56

Wilhelm Kempff

Zeichnung von Gertrud Augustin-Jäger, 1956

Selma Lagerlöf

Ellen Key

Wilhelm Kempff 1920.
Vor der Einfahrt in das Bergwerk in Kiruna,
Lappland

Wilhelm Kempff, Mieczyslaw Horszowski und Yehudi Menuhin

Foto: Roland Kempff

Pablo Casals und Wilhelm Kempff beim Festival in Prades

Foto: Roland Kempff

Wilhelm Kempff, Edwin Fischer, Wilhelm Furtwängler und Georg Kulenkampff in Potsdam

Foto: Rudolf Neel

Der Meister als Schüler 1954

Wilhelm Kempff und Annette von Bodecker

Foto: Siegfried Lauterwasser

Oskar Kokoschka mit Helene und Wilhelm Kempff in Salzburg

Foto: Irene Bauer-Kempff

Chico de Belcanto

Mein Freund Franz Becker, seit Jahren in Rio de Janeiro ansässig, hatte angeregt, sich – was nun schon zur guten Tradition geworden sei – bei Paul Underberg auf der Höhe der Tijuca mit einigen Musikbegeisterten zu einem »Liebesmahl« zu vereinigen. Es gälte doch wieder für länger Abschied zu nehmen. In diesen bewegten Zeiten müßten die, welche der Musik mit Leib und Seele ergeben seien, zusammenhalten.

»Das war ja nun schon fast eine Abschiedsrede«, hatte er durchs Telefon geflüstert (denn Franz Bekker liebte nicht das laute Wesen), aber ich wüßte ja, bei Paul Underberg gäbe es keine Dakapo-Arien, sondern jedesmal erwarte den Besucher ein Neues, gewissermaßen ein Capriccio spumante. »Nun, Sie verstehen mich schon – und damit: auf Wiedersehen morgen abend!«

Nach dem Abschiedskonzert im Teatro Municipal setzten sich also mehrere Wagen in Bewegung. Die Ausfahrt aus dem brodelnden Hexenkessel geschah im Zeitlupentempo. Mir war dies gerade recht, denn noch arbeitete das Es-Dur-Konzert Beethovens in mir weiter. Es war für brasilianische Verhältnisse eine erstaunlich gute Aufführung gewesen – dank der Meisterschaft des Dirigenten Eugen Szenkar.

Draußen glitt Bild um Bild an mir vorüber. Da lag die alte Barockkirche San Antonio schon tief unter uns, in der ich am letzten Sonntag ein Orgelkonzert gegeben hatte. Auf tausend Klavierabende kommt in Rio höchstens ein Orgelkonzert! Also hatte man die Kirchentüren weit geöffnet. Fromme und nicht so ganz Fromme hatten es sich auf den Kirchenstufen bequem gemacht. Was bedeutete es da, daß infolge der Hitze in allen Registern ein hohes E zu tönen begann, das sich während des ganzen Konzertes als hängender Orgelpunkt einnistete und weder durch mein beschwörendes Zureden noch durch allerlei manuelle Tricks zum Verschwinden zu bewegen war. Eines war sicher: Den Zuhörer von der Straße hatte gerade dieser unermüdlich warnende Signalton am meisten beeindruckt.

Inzwischen hatte unser Wagen die letzte der unzähligen Kehren der Tijucastraße genommen, und wir waren vor dem Hause Underbergs angelangt.

Ich stelle dem Leser den Hausherrn vor: Dr. Paul Underberg, aus dem Geschlechte derer von Underberg, die seit alters her einen Magenbitter nach geheimgehaltenem Familienrezept herstellen. Er war größer zwar als sein in Deutschland lebender Bruder, aber doch immer noch klein zu nennen.

Ohne alle Umschweife wurden die Gäste in das Haus geführt, wobei der Hausherr sogleich das Thema seines heute fälligen Capriccios wie einen bunten Ballon steigen ließ.

»Ich habe eine besondere Überraschung für Sie, einen phänomenal begabten jungen Kollegen! Er wurde unterwegs aufgehalten, kommt aber spätestens zum Cafèzinho« (der kleinen Tasse Kaffee – brasilianischer Kaffee! – nach dem Essen).

Wir fanden nichts Absonderliches an dieser Ankündigung, wußten wir doch, daß Paulchen – wie Dr. Underberg allgemein genannt wurde – es liebte, seine Gäste durch allerhand Überraschungen zu erfreuen.
Man war beim Dessert angelangt, einer köstlichen geeisten Bananenspeise, und befand sich bereits in einer Hochstimmung, die musikalisch etwa mit einem Finale in strahlendem E-Dur zu vergleichen wäre.
»Der junge Kollege hat zuweilen Primadonnen-Allüren. Sei es drum«, rief Paulchen, und sein rundes Gesicht strahlte wie eine Kakifrucht, »vertreten wir noch unsere Beine, diese alten Pedale.«
Auch das gehörte zur Tradition, dieser Gang durch den Garten, die Besichtigung der Pferdeställe, in denen die Lieblinge des Hausherrn untergebracht waren – mindestens so fürstlich wie die des Königs Minos auf Kreta. Der Rückweg führte zum Schwimmbad, dem in azurblaue Fliesen gebetteten Prachtstück des Hauses, Paulchens »Blauer Grotte«, die im Rufe stand, den schönsten Nixen von Rio de Janeiro am Tage im hellen Licht der Tropensonne und des Nachts bei Scheinwerferlicht als Tummelplatz zu dienen.
Wahrlich, die aus den Felsen gehauenen Thermen gehörten zu den sieben Wundern der schönsten Stadt der Welt, dieser wollüstig hingelagerten Sirene. Soll ich die Namen der sechs anderen aufzählen, die ohne Unterschied Sirenenklang besitzen?

Paõ de Açúar (Zuckerhut), Ipanéma, Corcovâdo, Botafógo, Gavea, Copacabâna. Ja, es ist schon so, hier oben auf dem »Tijuca« benamten Felsplateau wohnten die geliebten Söhne der Göttin Fortuna, nach einem unbegreiflichen Gesetz emporgehoben aus der brütenden Enge der Niederung, der sumpfigen Lagune, in welcher die »anderen«, die Unbeachteten, die Vergessenen, hausten und vergeblich sich bemühten, zu den höheren Regionen aufzusteigen. Ohne recht zu wissen wie, war ich unversehens den Freunden abhanden gekommen. Was für ein seltsames Sternbild schimmerte dort durch die schlanken Zweige der Jacarandábäume? Die Plejaden? Das Kreuz des Südens? Ich biege die Zweige des Baumes auseinander und sehe nun: kein Sternbild! Dieses Leuchten kommt nicht aus fernen Welten ... Die künstlich angestrahlte Statue ist es: Christus, der die Hände weit ausbreitet, als wolle er die ganze Welt umspannen, segnend, schützend, warnend, aber nicht verdammend.
Wie oft hatte ich, wenn ich nach Rio kam, zu diesem Wahrzeichen aufgeschaut, das nur aus großer Ferne betrachtet werden sollte.
Eine Bergbahn führt fast bis an den Sockel der Riesenstatue. Vorzüglich an Sonntagen hat sie nicht über mangelnden Besuch zu klagen. Die Menschen, ob Großvater, ob Enkel, fühlen sich trotz fürchterlicher Enge in diesen Mausefallen wie zu einer vorzeitigen Himmelfahrt emporgetragen, die unter Gejauchze und ohrenbetäubendem Geschrei vor sich

geht. Sie währt nicht lange, diese Himmelfahrt. Es sind nur etwa achthundert Meter bis zur Spitze des Corcovâdo, wo der Erlöser vom Berge hinab auf die Stadt der tausend Freuden und der tausend Schmerzen schaut. Ja, der Himmel ist hier so nah, greifbar nah.

Als ob diese meine Gedanken Lügen gestraft werden sollten, so verschleierte sich plötzlich das Riesenstandbild. Nachtwolken zogen an ihm vorüber. Schließlich verschwand es gänzlich.

»Schon wieder allein und in Gedanken? Eine gute Nachricht: Der Cafèzinho wartet, der Hausherr wartet, und die Überraschung des Abends wartet auch schon!« rief eine mir nur zu bekannte Stimme im Dunkeln. »Wo steckst du denn?«

Es war Else Mueller-Carioba, Donna Else genannt von allen, die sie kannten und liebhatten, die mit Hans, ihrem Mann, aus São Paulo zu diesem Abschiedsfest gekommen war. Über beide wäre nicht nur ein Kapitel, nein, ein ganzes Buch zu schreiben, denn im Laufe der Jahre hatte sich aus anfänglicher Blitzbekanntschaft eine Freundschaft fürs Leben entwickelt. Else führte mich wie einen Jungen, der sich im großen Garten verlaufen hatte, zurück zum Hausherrn.

»Den Cafèzinho«, so erklärte der, »den nehmen wir immer in diesem kleinen Raum, meiner Schiffskabine. Hier unter der Positionslampe – ich habe sie einem Hamburger Schiffer abgebettelt – ist noch Platz für Sie, Maestro.«

»Und wo ist die Überraschung des Abends, mein kleiner Kollege, das brasilianische Wunderkind?« fragte ich etwas ungeduldig.
»Pst! Pianissimo!« Mahnend legte der Hausherr die Finger auf seine Lippen. »Hören Sie?«
»Natürlich höre ich etwas – ich glaube, in Ihren alten Möbeln sitzt der Wurm, Paulino, kann das sein? Es tickt, es tickt so merkwürdig. Nein, das ist nicht der Wurm, das ist ein Vogel, der einen Wurm aufpicken möchte!«
»Bravo, Ihr Spürsinn beginnt dort, wo andere Leute mit ihrer Weisheit zu Ende sind, am Wurmfortsatz, Don Guillermo«, ließ sich Underberg lachend vernehmen und öffnete das kleine Fenster.
»Nun, heute etwas verspätet, Chico, ›spät kommt Ihr, doch Ihr kommt!‹«, und schon flatterte der so lang erwartete Gast auf Underbergs Schulter, die dieser auf eine Art vorstreckte, als hätte sie jahrelang dem Vogel als natürlicher Ast gedient.
Doch ehe ich noch nach Namen und Art fragen konnte, da begann der Vogel, dessen orangefarbener Leib einen Sonnenuntergang auf unsere Netzhaut zauberte, auf eine Art zu musizieren, daß ich nun wirklich annehmen mußte, einer Zaubervorstellung beizuwohnen.
Keine Frage, Chico war ein kleines Genie. Besonders aufregend war, wie er die Stimmregister beherrschte. So etwas von Kopftönen war mir noch bei keinem lebenden Wesen vorgekommen. Gut, der Kuckuck bringt auch welche hervor, aber es sind deren

nur zwei ... Chico jedoch lief wie eine aufgeregte Eidechse die Tonleiter auf und ab und streute dazwischen geradezu betörende Lockrufe ein, die einem weh und süß zugleich ums Herz machten.
Da das Fenster nur angelehnt war, stand ich auf, um es zu schließen.
Paulchen spielte den Beleidigten. »Weshalb diese Vorsichtsmaßnahmen, mein Herr? Chico ist ein freies Wesen! Tagsüber im Urwald, wie alle Orangetropiale zu tun pflegen, des Abends pocht er ans Fenster, sehr energisch sogar, und sucht sein Nest auf, das wir ihm seit jenem denkwürdigen Tage, als er zum erstenmal bei uns um Einlaß bat, bereitet haben. Morgens wartet er, bis ich den Wagen aus der Garage ziehe, was er immer mit aufmunternden Rufen begleitet. Dann gibt er mir bis zum Ende des Waldgürtels das Geleit. – Sie sehen jetzt aus wie Thomas der Ungläubige, aber es ist schon so. Also, trinken wir alle auf Chico!«
Der begleitete das allgemeine Hallo mit Wonnejuchzern.
Am nächsten Tag wollte ich nach Europa zurückfliegen – und schon meldete sich das übliche Reisefieber. Ich hatte auf dem Flughafen bereits die Kontrollstellen passiert, als sich jemand energisch bis zur letzten Sperre durcharbeitete.
Es war Paulchen Underberg. »Da!« Er reichte mir über die Barriere einen in Papier eingeschlagenen Kasten. Er wog nicht schwer in meiner Hand. »Es ist zwar nicht Chico, mein Chico, aber er ist vom glei-

chen Stamme, allerdings in Gefangenschaft geboren. Nehmen Sie ihn als lebendige Erinnerung – und wenn er im alten Schloß Thurnau seine Stimme ertönen läßt, dann denken Sie auch ein bißchen an Paulchen Underberg. Und somit: »boa viagem« und einen »abraço« – doch letzterer wollte nicht recht gelingen, der Bretterzaun setzte dieser stürmischen Umarmung, die immer mit einem Abklopfen der beiderseitigen Rücken zu enden hat, hartnäckigen Widerstand entgegen.

Erst im Flugzeug wurde mir bewußt, was ich mir da mit Chico Nummer zwei aufgehalst hatte. Es war gegen das Gesetz, was ich da tat, denn wegen der Psittakosis, der Papageienkrankheit, waren Vogeltransporte strengstens verboten. Die schwedische Stewardeß gab mir flüsternd ihre Hilfsbereitschaft zu verstehen: »Der Kapitän darf nichts davon wissen«, erklärte sie mir auf schwedisch mit dem treuherzigsten Augenaufschlag. Das war also schon etwas! Doch neben mir hatte ein ungewöhnlich beleibter Argentinier seinen Platz. Er litt augenscheinlich an Herzbeschwerden. Ich gab ihm meine Hilfsbereitschaft kund, nicht ganz uneigennützig, wie ich mir gestand, denn ich brauchte Bundesgenossen mit Chico Nummer zwei am Bein, dies war mir klar! Ich sage »am Bein«, denn schon machte sich der Quälgeist bemerkbar, indem er durch das steife Papier hindurch mit seinem spitzigen, wie ein Stilett geformten Schnabel in meine Socken Löcher hackte. So blieb mir nichts übrig, als aus der

Toilette etwas Wasser für den energischen Mahner zu holen, der bei der Affenhitze, die in der Kabine herrschte, sicherlich dem Verdursten nahe war.

Dann holte ich aus meiner Lufttasche eine Banane, schnitt sie in Scheiben und steckte durch Papier und Gitterstäbe dem kleinen Gefangenen diese Leckerbissen zu, die auch prompt meiner Hand entrissen wurden. Die anderen Passagiere schliefen schon längst den Schlaf des Gerechten, auch mein Zweizentnernachbar machte es nicht anders, so daß ich die Nacht über mich ganz meiner ungewohnten Tätigkeit widmen konnte.

Ich atmete erst auf, als nach vierundzwanzig Stunden dieser Flug ein Ende nahm und ich – ungesehen vom Kapitän und den verhüllten Käfig in der Hand – zur deutschen Paß- und Zollkontrolle schritt.

Meinem treuen Hausarzt Friedel Noack, dem begeisterten Kammermusikgenossen aus der Potsdamer Zeit, war es gelungen, auf Grund seines medizinischen Ausweises bis zu mir vorzudringen. Anstatt eines brasilianischen Abraços drückte ich ihm den Käfig in die Hand. »Trag den Vogel in den Wagen, ich habe eine entsetzliche Nacht seinetwegen ausgestanden.«

Gesagt, getan, und Friedel Noack schwebte mehr, als er ging, mit Chico Nummer zwei ab. Ein Beamter, der ihm entgegenkam, stellte ihn unwirsch zur Rede: »Was haben Sie da?«

Mein Duogenosse sah den Hüter des Gesetzes

durchdringend an, lächelte und hob seinen Zeigefinger an die Stirn: »Einen Vogel.«
»Ist das Ihr Vogel, mein Herr?«
Der Doktor wich der Frage aus, indem er antwortete: »Aber, aber, haben Sie das noch nicht gemerkt, Herr Kriminalrat, jeder von uns hat doch heutzutage einen Vogel.«
Da gab der Beamte bereitwillig nach, ohne ein weiteres Wort ließ er kopfschüttelnd den etwas seltsamen Mann passieren, der nun, selbst wie ein Vogel hüpfend, beglückt seinem Wagen zusteuerte.
Im Hause der Freunde angekommen, wurden erstmal meine Frau und die beiden guten Noacks sowie ihre Kinder der Reihe nach abgeküßt. Nun war es an mir, vor Freude fast den Verstand zu verlieren.
»Ich hab' einen Vogel, du hast einen Vogel, er hat einen Vogel«, begann ich, und im Kanon fielen die Freunde ein, wie es sich für Quartettgenossen gehört.

Zwei Jahre später fand ich am Morgen Chico den Zweiten tot in seinem Käfig. Ich suchte mir ein Kistchen und begrub ihn im Walde von Thurnau unter einer Birke.
Nur ganz selten hatte er gesungen. Als sich sein orangerotes Gefieder immer mehr entfärbte und er still und in sich gekehrt auf der Stange des eigens für ihn gebauten Käfigs saß, wußte ich, daß seine Tage gezählt waren.

Ihm erging es nicht anders als so manchem Flüchtling, der sich unter einem anderen Himmel nicht mehr zurechtfand und sich ohne ein Wort der Klage »davonmachte«, wie die Thurnauer zu sagen pflegten.

Übermächte sind im Spiel

Die meisten Solisten sind abergläubisch. Woher mag dies kommen? Wohl nicht zum geringsten Teil aus der Erkenntnis, daß der Musiker eine lebendige Membrane darstellt, ein nervöses Empfangsgerät, das untrüglich schon beim Beginn des Konzertes die Stimmung registriert, ob freundlich oder feindlich.
Ein frostiger Empfang seitens des Publikums kann beim Novizen ein Gefühl hervorrufen ähnlich dem des vor Gericht Zitierten (»Angeklagter, Sie haben das Wort«), wogegen ein warmherziger Empfang dem armen Opfer den Glauben an einen guten Ausgang des Abends suggeriert ...
Also ein gutgemeinter Vorschlag an die Zuhörer: Rührt lieber am Anfang die Hände als am Schluß, es ist auch zu eurem Besten!
Doch weiß der Musiker noch mehr – er weiß, daß eine zur vollsten Zufriedenheit verlaufene Probe noch keine Garantie für ein gelungenes Konzert darstellt. Deshalb wehrt er erschrocken all die mit Vorschußlorbeeren gewürzten Tiraden der eifrigen Probenbesucher ab, die einen glänzenden Erfolg prophezeien, wohl wissend, daß es schon seit den alten Griechen vermessen ist, den Neid der Götter zu erregen ...
Aber auch diese Erkenntnis erklärt nicht allein die abergläubische Furcht des Solisten. In fast jedem Konzert kann sich Unerwartetes begeben, er fürchtet, daß »Übermächte« im Spiel sein könnten (wie es in der »Frau ohne Schatten« heißt). Von diesen Übermächten sei hier die Rede.

Da gab es in London einen alten Herrn, der nicht nur erkältet war, sondern der – so schien es – einen Mordshusten eigens mitgebracht hatte, um mir zu zeigen, daß man es auch als »Huster« zum ausgereiften Solisten bringen kann. Er hatte sich für sein Auftreten ausgerechnet die Bach'schen »Goldberg-Variationen« ausgesucht. Sie dauern eine Stunde und zwanzig Minuten ...
Schon beim Thema, der lieblichen Aria aus Anna Magdalenas Notenbuch, gab er – allerdings noch vorsichtig – Proben seiner Meisterschaft. Um es kurz zu sagen, ich hielt die Belagerung bis zur fünfzehnten Variation aus, dann unterbrach ich die Sitzung und bat den Quälgeist, Erbarmen zu haben, nicht nur mit uns allen, sondern auch mit dem großen Johann Sebastian Bach ...
Darauf wurde es still bis zum Schluß.

Eine andere Geschichte – aus Wien:
Alles war so herrlich bei der Probe zum G-Dur-Konzert von Beethoven gegangen. Zwar hatte sie in einem anderen Saal stattgefunden, aber da wir alle mit der Akustik des Musikvereinssaales vertraut waren, sahen wir mit Zuversicht dem öffentlichen Vorkonzert am Sonntagvormittag entgegen.
In diesem schönsten aller Klavierkonzerte intoniert nicht das Orchester das Hauptthema, sondern das Klavier. Also, ich begann – doch was war mit dem Flügel geschehen? Die herrlichen Anfangstakte klangen, als wären sie nicht von Beethoven, son-

dern von Karl Czerny, seinem redlichen, aber trokkenen Schüler. Ein Blick auf das Pedal ließ mich erstarren. Es war nur angelehnt, man hatte vergessen, es anzuschrauben.

Wilhelm Furtwängler hatte gerade auf seine unnachahmliche Art die geheimnisvolle Antwort mit dem H-Dur-Einsatz erteilt. Da rief ich ihn an, erst leise, dann lauter, so daß das ganze Orchester bereits darüber im klaren war, daß hier nicht alles mit rechten Dingen zuginge. Doch er war schon beim zweiten Thema angelangt, ganz hingegeben, ganz eins geworden mit diesen schwebenden Tönen, so daß ich es bald aufgab, ihm weitere SOS-Morsezeichen zu senden.

Als dann endlich mein Einsatz kam, da durfte ich nun vor allen Ohren den Notstand proklamieren. Statt zu crescendieren, ließ ich die Achtelnoten langsam in einem Smorzando verklingen. Nun erst war Furtwängler wie aus einem Traum erwacht. Er fragte, und seine schöne, volltönende Stimme war allen vernehmlich: »Fühlen Sie sich unwohl?«, worauf ich lächelnd entgegnete: »Nein, keineswegs, aber mein Pedal ist unpäßlich, es steht grollend abseits.«

Bei diesen Worten schied sich das Publikum in zwei Lager. Die einen lachten schallend, die anderen aber brachen in Entrüstungsrufe aus.

»Unerhört«, hieß es, »einem Künstler solch a Wirtshausmöbl hinzustelln!« Bis dann das in Wien nicht gerade gern gehörte Wort »Schlamperei« die

so friedliche G-Dur-Stimmung vollends verdarb. Doch da nahten schon zwei riesige Gestalten, das »Bodenpersonal«, Fafner und Fasolt, unter deren Tritten das Podium erdröhnte. Sie gingen sofort an die Arbeit, das heißt, sie legten sich unter den Flügel, um das arme, vernachlässigte Pedal anzuschrauben. Jetzt erst schlugen jene, die so scharf protestiert hatten, sich auf die Seite der Lacher.
Als nun von neuem der G-Dur-Einsatz erklang, da war mir, als hätte der liebe Gott das Pedal an seinem siebenten Schöpfungstag erschaffen, als hätte er höchstselbst es in die Weltenharfe eingesetzt. Es schien auch seinerseits befriedigt, den vollen Druck meines Fußes zu spüren, und gehorchte von nun an jedem meiner Winke.

Viel weiter zurück muß ich blättern, im einzig und allein von meinem Gedächtnis aufbewahrten Lebensbuche, um von einem Klavierabend in einer in der schwedischen Provinz Lappland gelegenen Stadt – nicht weit vom Polarkreis – zu berichten. Es war das einzige Mal, daß ich auf einen Rentierschlitten gebunden zum »Konzertsaal« transportiert wurde. Es muß schon ein merkwürdiger Anblick gewesen sein: der Pianist im Frack, in einen riesigen Schafspelz gehüllt, wie ein erlegtes Wild des Waldes versandbereit festgebunden.
Noch heute höre ich das leise Knirschen der Schlittenkufen im pelzigen Schnee, höre die leisen Zurufe des hinter mir stehenden Kutschers, sehe den üppig

dampfenden Brodem des lautlos dahineilenden Rentieres, sehe aber noch ein anderes, etwas Großes, Einmaliges, sehe dank meiner horizontalen Lage im Lapplandschlitten die unaufhörlich in- und auseinanderstrebenden, in traumhaft magischem Licht erstrahlenden Kreise, Ellipsen, Hyperbeln, die das Polarlicht an den Winterhimmel zaubert.

Diesem feierlichen himmlischen Präludium folgte ein von übermütigen Trollen inszeniertes Rüpelspiel. Denn kaum hatte ich in dem maßlos überheizten Lokal der Freikirchler mit Bach begonnen, als ein kleiner Foxterrier den Schoß seiner Herrin, einer uralten Schwedin, verließ und wohlerzogen in aller Ruhe die wenigen Podiumsstufen erklomm. Ich ließ es geschehen, daß er liebevoll an mir herumschnüffelte, was er bald enttäuscht aufgab, um sich wenigstens auf Hundeart zu verabschieden. Er tat es, indem er seine Visitenkarte erst an dem mir abgewandten Flügelbein abgab und darauf dem zweiten der drei Beine seine Hochachtung aussprach. Als er sich nun anschickte, dem mir zunächst befindlichen seine Sympathie zu erweisen, und das eigene kleine zitternde Bein hob, da schloß ich abrupt mit einer absolut unbachischen Kadenz, sprang auf, um diesem völlig unprogrammmäßigen Schauspiel ein Ende zu bereiten und den kleinen Übeltäter in meine Gewalt zu bekommen. Doch der roch Lunte – und erst als ich bereits die zweite Runde um den Flügel zu meinen Ungunsten

buchen mußte, löste sich die eiskalte Versteinerung der Zuhörer in ein befreites Lachen auf.
Eine Kehrtwendung von mir trieb den Ausreißer direkt in meine Arme. Willig ließ er sich ins Künstlerzimmer tragen. Unter donnerndem Beifall betrat ich erneut das Podium. Da nun einmal das Eis gebrochen war, herrschte eine wunderbar entkrampfte Stimmung, die sich am Schluß des Programms in reizender Weise auf eine junge Zuhörerin auswirkte.
Das Programm verhieß statt einer Zugabe eine Improvisation über ein vom Publikum gegebenes Thema. Mir wurden zwei Zettel heraufgereicht, der eine vom Musiklehrer der kleinen Stadt, fein säuberlich waren die Noten gemalt. Der andere enthielt nur wenige Worte, die ich genau studierte, wobei, wie man mir nachher poetisch versicherte, ein »verräterisches Lächeln« meine Lippen umspielt hätte. Wie gesagt nur wenige Worte, keine Noten, ich sollte also ein Stimmungsgemälde nach Art »Das Gebet einer Jungfrau« auf dem Klavier von mir geben.
Ich entschied mich für das Thema des Musiklehrers, für eines der schönsten schwedischen Volkslieder:

»Uti vår hager där växa blåbär – Draußen in unserem Wald, da wachsen Blaubeeren.« »Komm, du Freund meines Herzens«, so hieß es im Refrain. Dies war ein Thema nach meinem Herzen, vom Volke geboren, von ihm gesungen und wie ein kostbares Erbe weitergegeben. Und während sich nun Variation auf Variation – aus dem Augenblick entsprungen – aneinanderreihte, wollte es mir scheinen, daß die junge Schwedin eigentlich die programmatische Erklärung für dieses durch seine frühlingshafte Schwermut bezaubernde Thema des Musiklehrers gegeben hatte.
Ich steckte nach dem Konzert ihren Zettel, auf dem der Vorschlag für meine auszuführende Improvisation notiert war, in die Fracktasche und las nochmals die Worte: »Frühling und Liebeserwachen – bitte, bitte – Kerstin.«

In der Sakristei von Saint Pierre, Prades

1959

Heute werde ich mit Pablo Casals die Sonate op. 102 Nr. 1 von Beethoven spielen.

Wir versammeln uns in der Sakristei von Saint Pierre. Es gibt ein Gedränge. Freunde, Bekannte, Anhängliche und Allzu-Anhängliche wollen den Meister sehen. Dann sind da noch plötzlich »Hereingeschneite«, junge Menschen, die keinen Einlaß gefunden haben und nun versuchen, durch den hinteren Eingang in das Innere des Tempels zu gelangen, auf die uferlose Güte des Meisters vertrauend. Der sitzt ganz in der Ecke und spielt sich ein, die Welt um sich her vergessend.

Als er gerade bei der Sarabande der Solosuite angelangt ist, gibt der Dreiundachtzigjährige, plötzlich aufschnellend, ein Zeichen, daß die Probe zu Ende sei und das Konzert beginnen kann. Nur die »Intimen« bleiben in der Sakristei zurück: die junge Frau Martita, die Freude seines Alters, der alte Freund Mieczyslaw Horszowski und Yehudi Menuhin, der unvergleichliche Künstler und Mensch.

Pablo Casals reicht mir die Hand: »Ich freue mich, ich freue mich so!« Diese Worte, die mit echt Casals'schem Aufschwung aus ihm hervorbrechen, springen als zündender Funke auf mich über.

Wir treten aus der Sakristei in den Kirchenraum, die Gemeinde (die Zuhörer als Publikum zu betiteln wäre Sakrileg) erhebt sich, und nach einer Pause, in der das letzte Flüstern verstummt, beginnt Casals.

Er spielt und spielt, so innig, so hingegeben, daß sich die »Welt« ihre weltlichen Gedanken aus dem Sinn schlägt und nur noch zum staunenden Zuhörer wird ...

»Und um uns ward Elysium.«

Säulen des Löwenhofes

El Patio de los Arrayanes

Sonnenuntergang über den Inseln von Matsushima

Tanzende Geisha

Nächtliches Gespräch mit Albert Schweitzer in Bordeaux

Heute habe ich den »Bordelaisern« die Hölle besonders heiß gemacht. Drei Klavierkonzerte, Bach, Beethoven, Brahms, die drei großen »B«. Aber wie es nun so ist, man begnügte sich nicht damit, man wollte noch kleine »B« hören, und so saß ich noch um Mitternacht am Flügel, bis dann die Lichter in der Oper erloschen und mich meine Tochter Mechthild schelmisch fragte: »Ist damit das Konzert wirklich zu Ende?«
Die Polizei hält hier auf strenge Disziplin. Keinem Autogrammjäger gelang es, sich in die Künstlergarderobe zu stehlen, auch wenn es sich um eine noch so hübsche Melomanin handelt, und das will viel für den für weibliche Reize sehr anfälligen Franzosen heißen. Um so erstaunter war ich, als ich im Halbdunkel des langen Korridors hinter der Bühne eine Gestalt erblickte, deren Erscheinung offensichtlich genügt hatte, um jeden Einspruch der weltlichen Obrigkeit verstummen zu lassen.
Mit einer zur Gewohnheit gewordenen Handbewegung ersuchte ich den seltsamen Gast mit dem Apostelkopf, in meine bescheidene Kemenate einzutreten. Da fiel das Licht auf ihn, und gleichzeitig ging mir ein Licht auf ...
»Ist es wahr, Dr. Schweitzer, Sie – Sie hier?« fragte ich. »Und lassen gleich drei Klavierkonzerte über sich ergehen?«
»Ich hätte auch noch ein viertes ertragen«, antwortete der verehrte Mann, den ich wohl zwanzig Jahre nicht gesehen hatte. »Mein Schiff, das mich nach

Lambarene bringen soll, ist noch immer nicht mit Laden fertig. Also, sagen Sie selber, konnte ich den Abend besser verbringen als mit Bach, Beethoven und Brahms? Und es ist ja wieder für lange Zeit das letzte Mal ...«

Doch dies wurde beileibe nicht mit einem dunklen Unterton gesagt, das würde nicht zu Albert Schweitzer passen, dem jede leise Anwandlung von Sentimentalität fremd ist. »Eine Sache anpacken, beim Schopf ergreifen«, das spricht aus der gesammelten Miene des beinahe Achtzigjährigen, mußte ich denken, als wir nun ins Licht des Großen Platzes traten.

»Sie sind gewiß noch verabredet«, fragte er vorsichtig, unvermittelt.

»Ich bin es nicht, und wenn ich es wäre, jeder hier hätte Verständnis für meine Absage.«

»Gut, bleiben wir noch in meinem Hotel, wir suchen uns eine ruhige Ecke. Es ist ja Mitternacht vorbei und Schlafenszeit für die Bordelaiser.«

»C'est minuit, Dr. Schweitzer«, scherzte ich, doch zu unserem Glück ohne Erfolg, denn er stürzte sich nun auf den ersten der drei großen »B«, als wolle er vom allzu Persönlichen ablenken auf das, was uns in den letzten Stunden beschäftigt hatte, auf das Wesentliche, auf die Musik ...

»Nein, wie Sie den Bach gespielt haben, kein Wunder, daß er heute Sieger geblieben ist.«

»War ich nicht zu stürmisch, zu lebhaft beim alten Vater Bach?«

»Nein, nein, zu stürmisch nicht ...«
»Also zu lebhaft?«
»Ja, im Finale schon.«
»Ich weiß, man geht mit den besten Vorsätzen aufs Podium, und schon ist's geschehen, dieser Bach wirkt wie eine Urkraft, ein Element.«
»Das ist es«, stimmte der Doktor zu, »der Edwin macht's auch so – ich meine den Edwin Fischer, diesen brausenden Bergstrom. Hat der nicht viel mehr für die Verbreitung Bachscher Musik getan als so viele Schriftgelehrte, die sich die Köpfe einschlagen im Streit um die Frage: Cembalo oder Klavier? Hie die Cembalisten, dort das kleine Häuflein derer, die es noch wagen, Bach auf dem Klavier zu spielen. Ich glaube, lieber Freund«, jetzt klang Schweitzers Stimme um einiges ernster, dunkler, »das Entscheidende ist doch, daß Bach mit Würde vorgetragen wird, mit der ihm gemäßen Würde. Wenn Pablo Casals die c-Moll-Sarabande spielt, dann fragen wir auch nicht mehr nach Stil – wir haben in diesem Augenblick die Gewißheit: Das *ist* Bach, so und nicht anders soll der Künstler, der nachschaffende, Bach gegenübertreten!«
»Mit Ihnen, Doktor, mit Pablo Casals, mit Edwin Fischer, mit solchen Bundesgenossen läßt es sich gut fechten.«
»Warum auch nicht?« versetzte der Achtzigjährige. »Ist nicht unser ganzes Leben ein einziger Kampf? Denken Sie an Paulus, an Martin Luther, an Johann Sebastian, ein nimmer endender Kampf gegen die

Trägheit der Herzen, gegen den Unverstand. Aber denken Sie auch an die vielen jungen Menschen, die des Abends singend, geigend, flötend sich zusammenfinden, um in den Oratorien, Kantaten, Messen der großen Musiker das zu finden, was ihnen unsere Zeit vorenthält: Glauben, Hoffnung, Liebe. Um die Harmonie der Seele zu finden und nicht den geflügelten Dämon, der vom Menschen ausgesandt wird, um die Welt in ihren Grundfesten zu erschüttern ... Wir müssen Handlanger Gottes sein und nicht des Teufels!«

Bei diesen Worten war mir, als umlohten den großen Bach-Apostel Feuerflammen. Uralte Bilder, längst versunkene Kindheitserinnerungen waren plötzlich da, aufgeschlagen lag die Bilderbibel des Großvaters: Moses, im Gewittersturm die Gesetzestafeln in den Händen, die er zornbebend in die Tiefe schleudert auf die Häupter derer, die um das goldene Kalb tanzen.

Doch all dies währte nur Augenblicke – und wiederum leuchtete die Sonne, von der Paul Gerhardt spricht, die wärmende, güldene Sonne, auf seinen Zügen, als nun der mit friedlichen Waffen für den Frieden kämpfende Apostel mir seine Hand hinstreckte: »Doch, jetzt können wir wirklich sagen: ›C'est plus que minuit.‹ Gehen wir zur Ruhe.«

Da er den alten Fahrstuhlführer eingeschlafen fand, stieg er, der Unermüdliche, rüstig die Treppen hinauf.

Das Ohr des Dionys

Mit dieser Überschrift ist nicht das in den Steinbrüchen, den Latomien, zu besichtigende riesige, in den Felsen gehauene Ohr des Tyrannen von Syrakus gemeint.
Es ist hier die Rede von einem anderen Ohr, das noch größere, gefährlichere Ausmaße aufweist: das Ohr des ungebetenen Zuhörers.

Einst versuchte ich im Schreibzimmer des Hotels Leinfelder in München auf einem nicht gerade neuen Klavier für meinen Bach-Abend mich einzuspielen. Ich fühlte, daß ich nicht allein im Raum war, aber schließlich gehört ja ein Schreib- und Lesesalon nicht nur dem durchreisenden »Akkordarbeiter« (wie Max Reger sich einmal scherzhaft bezeichnete).
Während die Finger über die Tasten eilten, gingen meine Gedanken ihre eigenen Wege: »Vielleicht geht er wieder, der ungebetene Zuhörer«, sagte die eine Stimme. »Vielleicht entfleucht er«, antwortete die andere sekundierend, »solche Leute schwören mehr auf Chopin, Liszt und Wagner ...«
Aber er ging nicht, sondern er zog sich sogar den Schreibtischsessel heran – auch dieses registrierte mein Ohr –, und ich beschloß, ihn zur Abwechslung mit dem »Wohltemperierten Klavier« eine Erziehungslektion zu erteilen.
Da es aber immer stiller wurde, nahm ich an, daß er doch vor so viel Ernst, vor so viel Würde in die laute Welt geflüchtet war.

Doch weit gefehlt! Als ich unvermittelt aufstand, stieß ich beinahe mit ihm zusammen. Nun sah ich ihn erst, meinen Zuhörer, das Urbild des jovialen Kaufmanns, gut gelaunt, gewiß hatte er gerade einen günstigen Abschluß getätigt.
»Junger Mann«, so rief er und schlug mir mit seiner Pranke gutmütig auf die Schulter, »Sie haben Talent, hören Sie; Sie sollten sich ausbilden lassen, ist ja fabelhaft.«
Ganz ernsthaft ging ich auf seine Worte ein, denn ich sagte mir, daß seine Freude, eine Entdeckung gemacht zu haben, im Grunde die schönste Bestätigung für mich sei.

Doch da fällt mir noch ein anderes Erlebnis ein, das ich in einer Stadt im mittleren Sizilien gehabt habe. So hilft das »Ohr des Dionys« meinem Gedächtnis nach. Der Ort der Begebenheit, Caltanisetta, eine kleine Bergstadt, liegt höchstens hundert Kilometer von Syrakus entfernt, dem einstigen Herrschersitz des mißtrauischen Tyrannen, der seine in den Steinbrüchen arbeitenden politischen Gefangenen kraft dieses Riesenohres belauschte. Schon damals ...!
Ich wollte die bis zur Abfahrt des Zuges nach Catania–Rom verbleibende Zeitspanne ausnutzen, zumal die Stadt außer einer grandiosen Aussicht auf das sizilianische Hochplateau nichts Sehenswertes bot.
Die »Präsidentin« des Vereins, eine der in Italien öf-

ters anzutreffenden höchst dynamischen Inspiratrizen, die bedingungslose Gefolgschaft verlangen und auch erhalten, hatte mir ihren kleinen Flügel zur Verfügung gestellt, zum ruhigen Üben. »Keine Maus wird Sie stören«, so hatte sie beteuert.
Hoffnungsfroh betrat ich den Musikraum, der durch einen pompösen, schon an den Orient gemahnenden Vorhang abgeschlossen war. Es herrschte eine für sizilianische Verhältnisse geradezu unheimliche Stille.
Glückselig, einmal allein wie in der Jugend Tagen arbeiten zu können, begann ich, einigen sogenannten »schwierigen Stellen«, die das Programm des nächsten Konzertes in Florenz enthielt, zu Leibe zu rücken. Doch da erfaßte mich ein »menschliches Rühren« und nötigte mich, mich »anderweitig« umzusehen.
Ich fand keinen Ausgang aus diesem Raum. So schlug ich mit einer Art von verbissenem Sforzato den Vorhang zurück, der prompt sich von der riesigen Stange löste und entseelt zu Boden sank. Was mich aber viel mehr erschreckte, war ein Dutzend mich anstarrender Damen, die wie Panoptikumsfiguren zu Tode erschreckt regungslos verharrten, alles ungebetene Zuhörer, von der Präsidentin telefonisch eingeladen ...
Was tun? Ich rief der Präsidentin zu, mich hätte eine plötzliche Übelkeit befallen, und verlangte nach einem Glas Wasser. Kaum war mein Hilferuf ertönt, da löste sich die Erstarrung bei den musikbegeister-

ten Charitinnen. Alle stürzten zum Küchenraum, denn jede wollte die erste sein. Ich benutzte die allgemeine Aufregung, um endlich zu »verschwinden«.

Nun sehe ich plötzlich, wie das mir zuerst so grausam erscheinende Ohr des Dionys ganz lustig wakkelt ob dieser Geschichte. Und wenn mir – was gar nicht so selten vorkommt – versichert wird, daß mich bei der Arbeit keine Maus stören würde, so schlage ich solche noch so freundlich gemeinte Einladung in den Wind – oder erzähle gleich vorher die Geschichte vom Ohr des Dionys.

Zwischen Paris und Lyon

Wie oft bin ich doch diese Strecke gefahren, sei es nun zu Konzerten in Lyon, sei es nach Marseille, zu den Festspielen von Aix-en-Provence, nach Nizza, nach Monte Carlo. Einmal war die Eisenbahnlinie auf Hunderten von Kilometern unterbrochen, als der Dammbruch oberhalb von Fréjus den Menschen vor die erschreckten Augen führte, was die Naturkräfte vermögen.
Heute aber spannt sich über uns ein seidig blauer Himmel, der in keiner Weise an Tod und Verderben erinnert.
Ich habe es mir bequem gemacht im bequemsten aller Züge, im »Mistral«, der der schnellste ist und das Blaue Band der Schiene stolz sein eigen nennt. Bis jetzt hatten die Mitreisenden noch keine Gelegenheit, voneinander Notiz zu nehmen. Man ist noch mit sich beschäftigt. Paris pulst noch allzu mächtig in den Adern – dann aber eine kurze Siesta, um den entgangenen Morgenschlaf nachzuholen.
Es ist nicht taktvoll, seine Mitreisenden im Schlafe zu beobachten. Die meisten Menschen, selbst das weibliche Geschlecht, verlieren im Schlaf ihre Haltung, ihre Grazie, ihren Charme. Der Schlaf ist ein Freund der Kinder, denn sie werden noch unschuldiger, noch schöner im Schlaf.
Dann aber ist plötzlich alles erwacht. Der Tag ist nun erst wirklich erschienen, er fordert sein Recht. Und er fordert ein kleines Gespräch. Ich fühle es geradezu körperlich, ich rieche es, daß der Boden für eine Konversation vorbereitet ist. Aus einer höfli-

chen Frage, ob das Fenster vielleicht geöffnet werden dürfte, ob eine Zigarette dem Gegenüber unangenehm wäre, entwickelt sich peu à peu ein zuerst leise geführtes Gespräch. Das gerade angeschlagene Thema – bei dem ich argwöhne: solltest du erkannt worden sein – entzündet ein leicht knisterndes Feuer, das bald um sich greift. Kurz vor Dijon haben auch die anderen ihre Zeitungen fortgelegt, und das zuerst zaghaft intonierte Thema wird nun zur vielstimmigen Fuge, in der jeder der Reisenden seine Gedanken entwickeln kann, ohne vom anderen überspielt zu werden. Denn – nous sommes en France ...

Es gibt keinen Zweifel mehr: ich bin erkannt, und zwar von einem jungen Mediziner, der in seinen Studienjahren der »Jeunesse musicale« angehörte und sich seine Begeisterungsfähigkeit von einst ins bürgerliche Leben hinübergerettet hat.

Dort in der Ecke sitzt ein Père, der durch stumme Beifallszeichen zu erkennen gibt, daß ihm die Unterhaltung behagt. Ich beobachte mit heimlichem Vergnügen, wie er dem Maikäfer gleich seine Fühler bewegt, um im nächsten Augenblick seinen Gedankenflug anzutreten und in der lebhaften Diskussion mit herumzuschwirren.

Neben ihm sitzt eine Dame reiferen Alters. Ist sie nicht die Französin par excellence, das feine Oval umrahmt von nachtdunklen Haaren, Augen, in denen das samtene, warme Braun der Stiefmütterchen leuchtet? Sie beteiligt sich noch nicht am Gespräch,

sie ist ganz Ohr, und ich denke bei mir, daß – wenn sie den Mund auftäte – sie Schöneres, Tieferes zu sagen hätte als wir anderen.
Doch der Mediziner ist nun in voller Fahrt. Vor welchem Publikum ich am liebsten spiele? Und da ich nicht gleich antworte, fügt er hinzu: »Doch sicherlich vor Ihren Landsleuten, da sie – was Kenntnis der großen Werke anbetrifft – als absolut kompetent anzusprechen sind.«
»Das mag wohl stimmen«, antwortete ich, »aber ich brauche auch ein Publikum wie das französische. Der Franzose ist, spontan ergriffen, von Natur mehr Künstler als spezifisch Musiker, er schert sich den Teufel um Stilprinzipien, um Dogmen, Doktrinen. Er liebt Schumann, er liebt Chopin, ohne zu fragen, ob diese Romantiker seien. Er liebt sie, basta. Und er verteidigt diese seine Liebe ein Leben lang!«
Jetzt hielt es den Pater nicht länger. »Aber wie steht es mit den Japanern? Nehmen sie unsere Musik nicht nur mit dem Verstande auf?«
»Mon Père, man braucht schon Verstand, viel Verstand, um den Wunderbau des Finales der Mozartschen ›Jupiter‹-Sinfonie zu begreifen, noch mehr Verstand, um sich durch das unfaßbar weite Labyrinth der Bach'schen ›Kunst der Fuge‹ hindurchzufinden. Wir sollten nicht immer beim Japaner den Verstand gegen das Herz ausspielen. Glauben Sie im Ernst, daß dieses Volk aus reiner Laune sich Beethoven zum Gott im musikalischen Olymp er-

wählt hat, ihn, der über die Partitur seiner »Missa solemnis« mit Bleistift gekritzelt hatte: »Von Herzen, möge es zu Herzen gehen«?
Mir verging die Zeit wie im Fluge. Plötzlich waren wir in Lyon.
Und die Stimmen, die so schön zusammengeklungen hatten, suchen nun jede ihren eigenen Weg, um sich aufs neue zu vermischen, zu verlieren in der Fuge, die nicht verklingen wird, solange Menschen sich begegnen auf ihrem Erdenwege.

Matsushima

April 1936

Dieser Name – Matsushima bedeutet Kieferninsel – wird uns, meiner Frau und mir, immer mit einem Erlebnis besonderer Art verbunden bleiben.
Ich blättere in meinen Notizen über die erste Japanreise im Jahre 1936. Da findet sich folgende Eintragung: »Heute, am 15. April, hätten wir beide, Helene und ich, fast das Zeitliche gesegnet.«
Eigentlich sollten wir in der benachbarten Universitätsstadt Sendai wohnen. Die japanischen Städte nehmen es an Lautstärke mit den süditalienischen auf. Matsushima wurde uns vorgeschlagen, weil wir dort »mehr Ruhe als genug« haben würden.
Als wir aus dem Fenster schauten, rief Helene: »Finnland in Japan!« Hunderte von Inseln und Inselchen schienen auf dem Stillen Ozean zu schwimmen, manche von ihnen durch rotlackierte kleine Brücken verbunden. Da hielt es uns nicht mehr im Zimmer, wir wollten dieses Inselparadies näher beschauen, glücklich, der Publicity, den alles und nichts erfragenden Zeitungsmännern entronnen zu sein. Obwohl schon April, fühlten wir noch eine vormärzliche Kühle auf unserer Haut, die wie edler Champagner in allen Poren prickelte.
Nach dem Mittagessen hieß es im Hinblick auf das abendliche Konzert in Sendai: Ruhe an Bord! Die Ama, das Zimmermädchen, brachte einen Hibachi, einen offenen, tragbaren Kohlenofen, schloß die Läden, verabschiedete sich mit einer unnachahmli-

chen Verbeugung, und wir sanken kurz darauf in einen tiefen Schlaf.

Es mochten zwei Stunden vergangen sein, als meine Frau, erwachend, sich nur mit größter Anstrengung erheben konnte. Sie grübelte, woher wohl diese seltsame Schwäche kommen könnte. Da bemerkte sie den ihr verdächtigen Hibachi und erblickte darauf ihren völlig verändert aussehenden Mann, dessen Gesicht eine grüne Patina angenommen hatte.

Ich hatte indessen schon die Fahrt ins Traumland angetreten. Beseligt schwamm ich als einer der Riesengoldfische, die in den Tempelteichen gehalten werden, in einem Menschenaquarium – halb Mensch, halb Fisch – und versuchte, an die Oberfläche zu steigen. Doch vergebens, eine dicke Glasplatte verwehrte mir die Rückkehr ins Menschenreich.

Als ich zur Besinnung kam, hatte meine Frau, die Türe weit aufreißend, mich auf den Balkon geschleppt. Der frische Luftstrom drang in die Lungen ein. Ich begann langsam zu begreifen, was geschehen war.

Da unten aber starrten zahlreiche Dorfbewohner, durch unser Stöhnen herbeigerufen, in die Höhe, nicht ohne Spannung den Augenblick erwartend, da das europäische Liebespaar im Nachthemd sich in die Tiefe stürzen würde. Sie hatten wahrscheinlich allen Grund, die verzweifelten Anstrengungen meiner Frau für ein letztes Abschiednehmen zu hal-

ten. Es wäre unhöflich gewesen, den einmal gefaßten Entschluß nicht zu respektieren ...
Da donnerte es an die verschlossene Zimmertür. Unser Reisebegleiter Matsumoto (auf deutsch »Unter den Kiefern«, ich nannte ihn abwechselnd »Herr Unterkiefer« oder, wenn er allzu geschäftig ins Zeug ging, »Signor Matsu-con-moto«) war auf die alarmierende Nachricht mit Doktor und Apotheker herbeigeeilt. Man flößte mir Kognak und Kaffee ein, bis ich ganz vernünftige Antworten gab. Ja, ich tat meinen Willen kund, die Leute von Sendai nicht mit meiner Absage zu enttäuschen. Statt der donnernden »Appassionata« wurde Mozarts A-Dur-Sonate von mir in die Tasten gehaucht. Unmittelbar hinter der Bühne saß der Arzt von der kaiserlichen Universität in Sendai und kontrollierte nach jeder Nummer den Puls.

1. Oktober 1954

Achtzehn Jahre später begrüßte uns der Hoteldirektor, der damals fast gelyncht worden wäre.
»Nie wieder Hibachi«, rief er lachend, »wir haben Zentralheizung! Dies verdanken wir Ihnen, Kempu-san, und Ihrer tapferen Kempu-Oku-san!«

Göttin Benten lebt noch

Kumamoto auf der Insel Kiuschu ist mir von meinen Japanreisen her als einer der liebenswertesten Orte in der Erinnerung geblieben.
War ich vor achtzehn Jahren des Abends noch durch die stillen Straßen von Kumamoto gewandert, dann schallte aus einem spärlich beleuchteten Haus die Stimme der Geisha, jene unendlich traurige Stimme, in der für mich etwas von dem tragischen Schicksal der Japanerin beschlossen liegt, die wie keine im stillen Dulden ihren Lebenszweck sieht. Diese sich ewig wiederholende pentatonische Sequenz:

wie greift sie ans Herz! Dazu die pochenden, metallisch harten Akzente des Shamisen, der alten japanischen Gitarre

gespielt von der die Geisha begleitenden Musikantin.
Würde ich nach achtzehn Jahren noch einmal alt-

japanische Musik hören können, nachdem der Gleichmacher Krieg den Kulturboden der ganzen Welt plattgewalzt hatte? Diese kleine Geisha von Kumamoto gab die Antwort.
Die Japanerin liebt den verhüllenden Kimono, der ihr gewiß von einem himmlischen Schneider angemessen wurde. Mit ihm bekleidet wird sie zur Blume, zur im Winde sanft sich bewegenden Weide, zum Schmetterling über der Kirschblüte ...
Da war sie wieder, die Verzauberung! Da ist es wieder, dieses sirrende Abirren, als sei die Musik ein schwebendes Gleichnis unseres Eintagsfliegendaseins. Nur die kräftigen Schläge mit dem Plektron auf die Saiten des Shamisen geben den erdhaften Untergrund.
Als ob Tokio sich von dem Vorwurf reinigen wollte, nicht mehr Hüterin des Erbes der Göttin Benten zu sein, so wurde mir bei dem Empfang am kaiserlichen Hof eine weitere Überraschung zuteil. Die kaiserliche Hofkapelle führte die »Gagaku-Musik« auf zu Tänzen in uralten historischen Kostümen. Wer diese Musik hört, glaubt auf dem Planeten Mars angekommen zu sein. Es ist die männlichste Musik, die es je gegeben hat. Unter den hängenden Tonkristallen der Sho-Flöte, der Bündelflöte, ziehen in einzelnen Instrumentengruppen die uralten Weisen vorüber, planetengleich mit verschiedener Umlaufzeit, während die Schlaginstrumente den Weltenrhythmus angeben: schwer, unentrinnbar, im ewigen Gleichmaß ...

Hier geht es nicht um die Frage nach tonal oder atonal. Diese Musik ist gewachsen wie die Kryptomeria, der herrlichste Baum Japans. Sie wird so lange leben, wie die Kryptomeria ihre Früchte auf die roten Tempeldächer fallen läßt.

Der Feuervogel von Matsuyama

1954

Kein Ballettänzer war dieser Mann, beileibe nicht, sondern Gepäckträger von Beruf.
Er stürzte sich gleich, nachdem unser Schiff festgemacht hatte, auf unser Gepäck. Er war der einzige seiner Zunft und hatte demzufolge alle Hände voll zu tun. Uns schien er aber eine leibhaftige Quannongestalt mit hundert Armen, die jeden versorgte und jeden im Auge behielt. Für uns war dies Im-Auge-Behalten leichter, denn der Feuervogel, wie ich ihn gleich nannte, wäre noch aus tausend Meter Höhe zu entdecken gewesen, so lichterloh brannte sein Gefieder.
Der Japaner hat eine Vorliebe für Uniformierung in der Kleidung. Schon bei den Schulkindern fängt das an. Bei den Mitgliedern der Handwerkszünfte war dies ja auch in Europa der Fall. Aber ob Hotelangestellte, Schuhmacher, Straßenkehrer, jeder in Japan trug damals irgendein Abzeichen auf dem Rücken seiner Jacke, seines Kimonos. Und welche grafischen Wunder vermag ein japanisches Schriftzeichen auf eine solche Jacke zu zaubern wie die von mir erstandene, die mich damit als der Zunft der freiwilligen Feuerwehr angehörend erwies ...
Um aber von Rot auf Weiß umzuschalten, so sei noch vermerkt, daß mir kurz darauf ein Wandermönch begegnete. Er hatte schon sechzig buddhistische Heiligtümer besucht, und ich fand es erstaunlich, daß sein Priestergewand und noch mehr

seine Sandalen keinerlei Spuren von solchen anstrengenden Pilgerwanderungen aufwiesen. Ich faßte mir ein Herz und erbat von ihm die Erlaubnis, sich von mir aufnehmen zu lassen. Geradezu begeistert gab er seine Zustimmung. Aufs höchste aber stieg meine Verwunderung, als er nun seinerseits unter dem schneeweißen Gewand eine Leica hervorholte und mich ersuchte, einen Augenblick stillzuhalten ...
Da hatten sich also zwei mit dem gleichen Hobby getroffen: der wandernde Mönch, der wandernde Pianist. Sicherlich wanderte auch er nicht immer per pedes apostolorum, sondern benutzte wie ich fleißig Schiff und Eisenbahn ...

Geschenke in Japan

Unter den vielen Erinnerungsstücken, die ich aus Japan heimbrachte, sind mir vier besonders lieb und wert: eine große Tempellaterne, aus dem Holz der Kryptomeria geschnitzt, ein Schiffsmodell, ein kleines Glöckchen, an dem ein Gebetsstreifen hängt, und – nein: lassen wir das vierte Erinnerungszeichen noch von einem Tuch bedeckt ...

Die zuerst genannte Tempellaterne hat ihre besondere Geschichte.

Naohiro Fukui, einer der führenden Musiker Japans, Präsident der »Musashino Academia Musicae«, hatte auf den vielen Reisen, die uns von Hokkaido, der nördlichsten, bis nach Kiuschu, der südlichsten Insel, führten, herausbekommen, daß ich an einem gewissen Laternenkomplex leide. Ich war unklug genug (oder war es eine subversive Wunschtraumkomponente?), jedesmal beim Anblick einer Laterne in Rufe des vollkommenen Entzückens auszubrechen.

Freund Fukui muß über ein abenteuerliches Gedächtnis verfügen. Denn er reagierte auf diese meine Erschütterungen wie ein Seismograph, so daß ich am Ende meiner Reise vor einem Wald von Laternen stand.

Da gab es auf hauchfeiner Seide handgemalte Laternen aus Gifu, eine herrliche, alte Bronzelaterne, die die Musikstudenten Tokios überreichten, es gab Laternen, auf denen der Name »Kempu-san« in japanischen Schriftzeichen beim Anzünden magisch

Hafen von Matsuyama an der japanischen Inlandsee

Luftaufnahme nach einem schweren Gewitter über Nordspanien

Oberhalb des Stadions in Delphi

Das Häuschen mit der Margeritenwiese

aufleuchtete. In einem Geishahaus hatte in der Vorhalle, wo die Gäste sich die Schuhe zum Schutz des kostbaren Holzfußbodens ausziehen mußten, sogar eine in einen Stachelfisch montierte Laterne gebaumelt!

Am Vorabend meines Geburtstages aber hatte die »Nippon Gakki« (eine große Musikfirma) sich eine Überraschung ausgedacht. Beim Abschluß der Rede ihres Präsidenten Kawakami ging plötzlich das Licht aus. Ich glaubte an Kurzschluß – gewiß mal wieder eines der leichteren Erdbeben, an die wir uns schon gewöhnt hatten. Aber die vergnügten Knurrtöne der Versammelten deuteten auf andere, freudigere Ereignisse. In feierlichem Aufzuge erschienen zwei Japaner, und an einer Bambusstange hing die große von mir in Hamamatsu bewunderte Tempellaterne ...

Das zweite Erinnerungsstück, ein Schiffsmodell, stammt von einer Musiklehrerin. Ich glaube nicht zu übertreiben, wenn ich behaupte, es gibt in Japan mehr Musiklehrerinnen als bei uns daheim.

Verbrachte in früheren Zeiten die junge Japanerin ihre Freizeit mit dem Erlernen des Spiels auf dem Shamisen (der japanischen Gitarre), der dreizehnsaitigen Koto, der Biwa-Laute, mit Malen, Zeichnen, Blumenordnen, so hat sich heute das Klavier in Japan mit einer Vehemenz durchgesetzt, die erstaunen macht.

Beethovens Name ist von einer göttlichen Aura

umgeben. Im Land der aufgehenden Sonne sieht man in ihm einen der großen Propheten der Menschheit.
Sein Werk ist ohne das Klavier undenkbar. Also galt es für den Japaner, Beethovens Geisteswelt mit diesem doch wohl herrlichsten Instrument zu erobern.
Und was ein Japaner sich einmal vorgenommen hat, das vollbringt er auch, und sei es unter den härtesten Bedingungen.
Die jungen japanischen Musiker sind inzwischen auf dem siegreichen Vormarsch begriffen. Sie beginnen sich die Konzertsäle der westlichen Welt zu erobern. In technischer Hinsicht haben sie uns manchmal schon überflügelt. Aber noch ist die letzte Bastion zu nehmen, die allerletzte Zugbrükke, die in das Reich der geistigen Durchdringung aller Musik führt. Dies ist nun die Aufgabe der großen Musikakademien, der privaten Konservatorien Japans, der unzähligen Musiklehrer und -lehrerinnen.
Eine von ihnen brachte mir ein mit viel Liebe gebasteltes Modell der ersten Portugiesenkaravelle, die in Nagasaki vor Anker ging, an den Zug, der gerade abfahren wollte. Der Stationsvorsteher, schon bereit, seinen Arm zum Zeichen der Abfahrt zu erheben, ließ ihn wieder sinken (es gibt kein höflicheres Volk als das japanische!). Er trat an unser Abteilfenster, hörte sich aufmerksam die unter vielen Verbeugungen vorgebrachten Worte der Lehrerin an,

die er beileibe nicht ermahnte, sich kurz zu fassen, denn das wäre ja unhöflich gewesen! Als mir dann endlich die Lehrerin ihre Gabe durch das Abteilfenster reichte, da begann auch er einige Worte an »Kempu-san« zu richten, aus denen ich schließen mußte, daß er sich das gestrige Konzert angehört hatte, verbeugte sich seinerseits und gab dann das Zeichen zur Abfahrt.

Die Geschichte vom Glöckchen, dem dritten Erinnerungsstück, ist bald erzählt.
Es hängt jetzt in einem Olivenbaum über dem blauen Meer von Positano und erzählt mir von Matsushima, wo ich es in einem Kramladen dicht bei den Tempeln nach unserer Errettung aus großer Gefahr erstanden hatte.
Gerade jetzt, da ich diese Zeilen niederschreibe, bringt der hin und her schwingende Goldpapierstreifen das hauchfeine Glöckchen zum Klingen. Nur das auf ihm eingezeichnete kleine Gebet ist vom Regen ausgelöscht.

Und da ich das Wort »ausgelöscht« niedergeschrieben habe, hebe ich das Tuch von der vierten Erinnerungsgabe, der kostbarsten. Sie stammt aus der Stadt, deren Name wie der von Ninive in das Buch der Menschheitsgeschichte eingeschrieben wurde, aus Hiroshima.
1954 wurde ich gebeten, auf der Orgel der Weltfriedenskirche zum Gedenken der Opfer des luziferi-

schen Blitzes zu spielen. Die Glocken hatten geläutet. Die Orgel hatte sich zum Sprachrohr des großen Evangelisten der Musik, Johann Sebastian Bach, gemacht: »Ich ruf' zu Dir, Herr Jesu Christ«, da trat ein halbwüchsiges Mädchen hervor, von einer unbeschreiblichen Zartheit, die sich mit einer abgrundtiefen Schwermut paarte, dem Gesichtchen ein deutbares Signum aufdrückend, wie wenn sie an jenem Schreckenstage empfangen worden wäre ... Sie legte behutsam das Geschenk der Stadt Hiroshima in meine Hände: einen großen, in Holz geschnittenen Reislöffel.

Da stand das Mädchen, das mir in diesem Augenblick wie der unzerstörbare Geist Japans dünkte, das kindliche Haupt geneigt.

Ich begriff sofort den Sinn dieser Gabe: »Unser täglich Brot gib uns heute.«

Und noch ein anderes begriff ich: »Nicht verzweifeln. Von vorn beginnen. Reis säen, Reis ernten, damit nach dem Auslöschen durch das böse, höllische Feuer, von Menschen entfacht, Gottes Sonne leuchte.«

Intimes aus Ephesus

Wer viel gereist ist, wird die Erfahrung gemacht haben, daß man von »gewissen Orten« zuweilen die schönste Aussicht genießen kann. So war es auch augenscheinlich im alten Ephesus: marmorne Throne, deren Zweck unverkennbar ist, in klassischer Landschaft!

Manch einer, der dieses Buch in die Hand nehmen wird, mag unwillig den Kopf schütteln. Von Ephesus, gleichermaßen Heiden wie Christen heilig, sollte nicht in dieser Weise berichtet werden.

Mich aber hat der Anblick dieser rund um das Gymnasium der jungen Epheser verteilten »Sitzplätze« geradezu gerührt. So vieles ist anders geworden in den vergangenen zweitausend Jahren – man fliegt durch die Lüfte, malt abstrakt, komponiert dodekaphonistisch. Hier aber kann der Betrachter beruhigt feststellen, daß, was »dies« betrifft, alles beim alten geblieben ist. »Homo sum, humani nil a me alienum puto – Ich bin ein Mensch, nichts Menschliches gilt mir fremd« – den dringendsten Naturgesetzen sind wir heute wie einst unterworfen, ob Papst, König oder kleiner Gymnasiast aus dem alten Ephesus.

Ich werde Schulrat in der Oase Bou-Saada

Man hatte mir in Algier den Rat gegeben, zwischen meinen beiden Konzerten nach Bou-Saada zu reisen.
Ich bestieg also am nächsten Morgen den sogenannten Wüstenexpreß, der sich als ein alter Omnibus entpuppte, und kam nach achtstündiger Fahrt gerädert und gevierteilt in Bou-Saada an.
Die Sonne war gerade untergegangen. Noch schmerzten die Augen von dem gnadenlosen Licht der algerischen Wüste. Doch die Natur entschädigt auch, sie ist sogar am Rande der Sahara nicht knauserig. In weiter Ferne türmt sich ein Gebirge auf, einem gigantischen Felsenschloß vergleichbar, dessen Zinnen – leider nur für Augenblicke – in rosaroten Farben erglühen. Dann erlischt der Glanz. Allzu schnell fällt die Finsternis ein, so abrupt, als hätte Petrus dort oben plötzlich einen Anfall von Sparsamkeit bekommen und das Licht ausgeschaltet.

Am nächsten Morgen weckte mich nicht nur *ein* Esel. Das »I-A« »I-A« »I-A« hörte überhaupt nicht auf. Diesem polyphonalen Konzert nach zu schließen, gibt es hier so viele Esel wie bei uns Motorräder. Auf dem Marktplatz wurde ich belehrt, daß das Kamel eine noch bedeutendere Rolle spielt! Eine Karawane setzte sich gerade in Bewegung.
Dort stand ja mein Reisegenosse, den ich gestern im Omnibus für einen Scheich gehalten und ehrerbietig gegrüßt hatte! Dies hatte er mir nicht übelgenommen. Er führte mich durch Bou-Saada und

nahm mich sogar mit in die Schule, die in einem Anbau der Moschee lag. Die kleinen Algerier sprangen auf, der Lehrer begrüßte mich feierlich.
Die Kleinen brachten mir zur Begutachtung ihre Schiefertafeln. Was tun? Hilflos begann ich wie Papageno zu brummen:

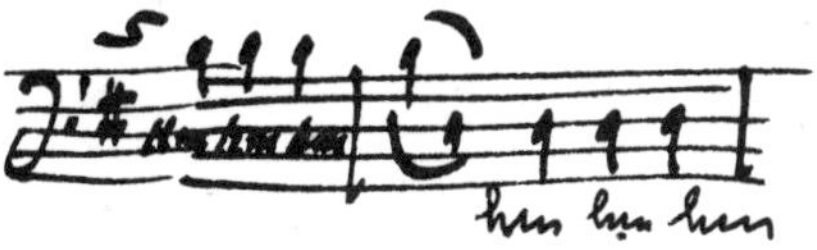

»Hm, hm«, den Kopf dabei hin und her wiegend, als sei ich überrascht über die reinliche Schrift.
Der Schullehrer hielt eine Ansprache – den gutturalen Häufungen nach zu schließen, im Bou-Saada-Dialekt. Ich winkte dankend ab und verließ rückwärts gehend den Raum, mit dem Gefühl, meine Rolle als Schulrat höchstens mit der Note »Drei bis Vier« bestanden zu haben.

Auf meinem Schreibtisch liegt die Gabe des Schulleiters von Bou-Saada: eine Handvoll Wüstensand, in Millionen von Jahren kristallisiert, anzusehen wie ein Gebirge en miniature, auf das die untergehende Sonne fällt ...

Konzert im Jupiter-Tempel von Baalbek

Diese Aufnahme wurde im Gegensatz zu vielen anderen in großer Ruhe gemacht. Eigentlich hätte ich mich um diese Stunde gar nicht als Amateurfotograf betätigen dürfen. Daß das Orchester ohne mich probte – und zwar mein Beethoven-Klavierkonzert –, dies geschah nicht etwa, weil es irgendwelche Differenzen gegeben hätte ... Im Gegenteil, es spielte das Hamburger Rundfunksinfonieorchester, es dirigierte Georg Ludwig Jochum, wir waren also trotz Kleinasien, trotz Libanon unter uns ... Nein, der Grund war ein anderer. Kleine Sandkörner der Wüste hatten sich zwischen die Hämmer des Flügels gesetzt, was bei der Probe zuerst ein Geräusch verursachte, als würde der Solist sich nur zähneknirschend betätigen. Es war nicht zu leugnen, der Gott der Wüste – ich meine jetzt den von Mensch und Tier gefürchteten bösen Sandsturm, den Dämon Chamsin – hatte anscheinend sein Mißfallen darüber geäußert, daß sich hundert befrackte Menschen anschickten, vor tausend anderen Menschen, ebenfalls in Frack und Abendkleid, Töne von sich zu geben, die er bis dahin nie vernommen hatte.
Ich wanderte indessen seelenruhig an den hochragenden Säulen des Jupitertempels entlang. Dieser gewaltige Bau war nun zur Wiedergabe der Beethovenschen Werke bestimmt worden, und es war Madame Aimée Kettanéh, die Inspiratrice der Festspiele von Baalbek, die ihn dafür ausgesucht und nun eine Stafette nach Beirut entsandt hatte, um

dem Dämon Chamsin ihre reizenden Zähne zu zeigen.
Inzwischen führte mich mein Weg noch einmal in den kleinen, völlig erhalten gebliebenen Bacchus-Tempel. Dort war gestern Mozart die Ehre gegeben worden, in diesem unvergleichlichen, idealen Raum für die intime Kammermusik. War es wirklich erst gestern gewesen, daß der wunderbarste Nachtgesang, den Mozart je geschrieben, hier erklungen war?
Lange hatte ich nachsinnend an einer der Säulen gesessen, die erst feuerrot, dann langsam erblassend in das Schweigen der Nacht versunken war. Da tauchte eine weiße, kleine Gestalt auf. Eine Fee? Nein, Aimée war es, die kleine Aimée, wie wir sie nannten. »Der Flügel knirscht nicht mehr«, rief sie.
Ich sprang auf, umarmte die Unermüdliche, und wir gingen zum großen Jupiter-Tempel hinüber.
Schon von weitem war das Stimmen der Instrumente zu hören, dieses mich noch heute erregende Tönen der Erwartung, in der gleichsam noch Ungeborenes sich anschickt, in das helle Licht der ewig jungen Schöpfung zu treten.
Ich muß hier noch von einem unerwarteten Intermezzo am Ende dieses Beethoven-Konzertes berichten.
Als sich die Hände der Zuhörer zum Schlußapplaus regten, erhob sich eine reizende Libanesin mit einem großen Blumenstrauß und lief mit eiligen

kleinen Schritten auf zierlichen Stöckelschuhen zum Podium. Das von Beethovenscher Musik begeisterte Gesicht zum Pianisten erhoben, verfehlte sie zwei Stufen und versank vor meinen erschreckten Augen im Marmorbecken des Springbrunnens. Zuerst Totenstille; als aber dann die Arme – zwar mit triefenden Haaren und angeklebten Gewändern, aber sonst unbeschädigt – wieder emportauchte, jubelte das Publikum. Der Saaldiener half ihr aus dem nassen Element – der Pianist blieb trokken auf dem Lande. Mitgerissen von der Freude der Melomanen über diese Rettung aus Gefahr kehrte ich zum Flügel zurück und gab Zugabe über Zugabe.

Abendwolken über den Pyrenäen

Ich hätte eigentlich schon am Nachmittag in Madrid eintreffen sollen. Doch irgendein kleiner böser Vitzliputzli hatte sich in die Bremsvorrichtung unseres Flugzeugs eingeschlichen, und wir mußten warten, warten, bis endlich das erforderliche Ersatzteil aus Hamburg eingetroffen war.
Zehn Stunden Warten auf einem Flugplatz, das ist bitter. Man pendelt wie eine schief aufgehängte alte Uhr hin und her, besieht die von Tokio bis San Francisco sich auf ein Haar gleichenden Auslagen, nimmt die längst ausgelesene Zeitung erneut in die Hand, stürzt nach der zehnten Tasse Kaffee zum wievielten Male zum Schalter der betreffenden Luftlinie, um die geduldigen Auskunfterteiler auch ihrerseits an den Rand des Wahnsinns zu treiben. Doch plötzlich erschallt dann die erlösende Stimme im Lautsprecher. Alles ergreift seine Siebensachen (bei uns sind es meistens vierzehn) und besteigt mit einem etwas kritischen Blick, der frohen Botschaft noch nicht ganz vertrauend, die Maschine.
Mein Vater pflegte uns bei solchen Ereignissen immer mit den Worten zu trösten: »Kinder, wer weiß, wozu es gut ist ...«
So mußte auch ich denken, denn uns erwartete nach einem Gewitter dort oben der letzte Widerschein eines Sonnenuntergangs auf Erden, so überirdisch schön, als wäre endlich Friede gemacht zwischen den uns täglich bedrohenden Mächten.

Der Montserrat

Wie riesige Orgelpfeifen aus bläulichem Zinn ragen die Zacken des Montserrat in die Wolken. Es ist nicht verwunderlich, daß die Menschen des Mittelalters noch mehr sahen als nur diese himmelhochragenden Zinnen. Sie glaubten, in ihnen die von Wolfram von Eschenbach besungene Gralsburg Monsalwatsch erkannt zu haben. Auch mich – ich muß es gestehen – wandelten seltsame Gefühle der Art an, daß ich hier schon einmal in Vorzeiten gestanden haben könnte.

Vielleicht, daß mich die Stille in dem der Gralsburg vorgelagerten Föhrenwald doppelt empfänglich gemacht hatte für solche Gedanken. Eben noch war ich im Strom der Wallfahrer, die im unter den Gipfeln gelegenen Kloster stundenlang angestanden hatten, um der »Schwarzen Madonna« ihre Ehrfurcht zu bezeugen.

Ein mich begleitender Pater, der sich als begeisterter Musikfreund entpuppte, hatte es so einzurichten gewußt, daß ich außer der Reihe an das Gnadenbild aus Ebenholz gelangt war. Um ihn nicht zu kränken, hatte auch ich meine Hand in diejenige der Maria gelegt, und dabei war mir der arme Wilhelm in den Sinn gekommen, von dem Heinrich Heine in der »Wallfahrt nach Kevelaer« so bewegend berichtet. Ja, man hatte noch ein übriges getan und mich mit dem Klosterlikör bekannt gemacht, der dem Benediktiner Kräuterlikör aus Ettal in keiner Weise nachstand.

Aber all diese gutgemeinte Betriebsamkeit hatte

mich mehr traurig als froh gestimmt, und erst hier oben durfte ich wieder aufatmen. Ich begriff aufs neue, daß es zu allen Zeiten Heiligtümer geben mußte, die »unnahbar unseren Schritten« wie ferne Glaubenssterne auf uns ihr Licht strahlen lassen.

Adler über Delphi

Als wir das erste Mal nach Delphi kamen, war Ernst Eisenlohr, deutscher Botschafter in Athen, unser Cicerone. Wirklich, wir hätten uns keinen idealeren Führer wünschen können. Ihm war die einzigartige Historie Griechenlands kein Buch mit sieben Siegeln. Auf allen Gebieten beschlagen, setzte er den eifrigen Frager in Erstaunen. Was aber ganz selten bei solchen universalen Begabungen anzutreffen ist, war seine Gabe, an den Orten zu schweigen, wo Schweigen geboten ist.
Der Himmel hatte es so eingerichtet, daß wir erst zu später Stunde nach Delphi kamen. Da wir unterwegs unter dem Löwen von Chaironäa ein stilvolles Picknick veranstaltet hatten – mit Käse, Wein, Oliven und, zur Erwärmung, einem Ouzo, einem Anisschnaps –, so nahmen wir uns nicht die Zeit, zuerst zum Xenodochion, dem Gasthof, zu gehen, sondern stiegen sogleich zum Tempelbezirk auf.
Es hatte geregnet, schwere Wolken hingen über den wuchtenden Gebirgsmassen. Ein Blitz fuhr herab, gänzlich unerwartet. Der darauffolgende Donner kostete mit geradezu göttlicher Wonne die Überakustik an den beiden riesigen Felswänden aus, und wir hörten, auf den obersten Stufen des Theaters sitzend, uns dieses wahrhaft »erschütternde« Konzert an. Keine Menschenseele weit und breit war zu sehen.
»Was wir eben gehört haben«, sagte Eisenlohr, »geschieht hier gar nicht so selten – gehört doch Delphi zu den gewitterreichsten Orten –, und es ist nicht

verwunderlich, daß die Griechen in mythischer Vorzeit hier den Apoll verehrten. Nicht den freundlichen, den Chor der Musen anführenden Gott der Musik, sondern den rächenden, ›fernhintreffenden‹ Töter des Drachen Python, der hier in der Phädriadenschlucht Mensch und Tier in Schrecken hielt.«
Don Ernesto, wie wir Ernst Eisenlohr nannten, hielt inne, da ein letztes Abendrot die obersten Spitzen der Berge erglühen ließ. Das Theaterrund lag schon im Dunkeln.
»Ein römischer Schriftsteller war wohl der erste«, fuhr er fort, »der auf die eigentümliche Akustik dieses von der Natur geschaffenen gewaltigen Felsenhalbrunds aufmerksam machte. Ein Wort, dort unten geflüstert, hört ihr hier oben um Vielfaches verstärkt. Nicht etwa auf Kosten der Deutlichkeit wie beispielsweise bei unserem gelobten Megaphon, sondern jedes Wort scharf getrennt, artikuliert. Wollen wir es ausprobieren?«
Schon tastete sich unser Freund die ehrwürdigen, abgetretenen Stufen hinunter. Da unten stand er nun, hochaufgerichtet, und sein Flüstern lief mit Windeseile die Stufen herauf, um von uns in erstaunlicher Deutlichkeit vernommen zu werden.
»Ja«, rief ich, »wenn unsere Architekten beim Bau unserer Konzertsäle hinter die akustischen Geheimgesetze der Alten kämen!«
»Ja und nein«, meinte unser Freund, »die Natur muß schon zu Hilfe kommen, um Einmaliges zu

erreichen. Und sie tut dies hier mehr als anderswo.«
Mir fiel da eine seltsame Begebenheit ein, die mir der bekannte französische Gelehrte Jean-Louis Vaudoyer erzählt hatte. Junge Studenten waren hier zusammengekommen, um an diesem ehrwürdigen Orte den »Prometheus« des Aischylos aufzuführen. Hatte schon bei der Darstellung des Werkes in der Ursprache Hochstimmung geherrscht, so kannte die Begeisterung, ja Erschütterung der Zuschauer und der Mitspieler keine Grenzen, als in der Schlußszene über dem an den Fels angeschmiedeten Prometheus ein leibhaftiger Adler erschien, der über der Phädriadenschlucht unentwegt seine Kreise zog. Ein geheimnisvoller Schauder ließ jeden frösteln, als hätte er einem Mysterienspiel beigewohnt, an dem die Götter selbst in Erscheinung getreten waren.

Griechischer Frühling im Herbst

Mir war es einmal wieder gelungen, den Menschenmassen zu entfliehen, die aus den unablässig anrollenden Omnibussen ausgeladen wurden. Noch dort oben waren die lauten Stimmen der Reiseleiter zu hören, die die Bedeutung des Ortes »ansagten« und einiges Tröstliche über den zu erwartenden Lunch im »Hotel Agamemnon« mitteilten. Darum war ich höher hinaufgestiegen, als es mein alter Baedeker aus dem Jahre 1888 vorschlug. Auch hier oben war Griechenland! Ja, es war das reinste, unberührteste Griechenland, in dem nicht einmal eine alleinstehende Säule ihren gewaltigen Finger erhob, um über ihre hochherrschaftliche Vergangenheit zu belehren ...
Sollte dies der Herbst sein? Blühen hier die gelben Krokusse im Oktober? Und diese schwerelose Luft ... Mir war so, als stünde da oben im azurenen Licht Mozart, nun zu den Göttern erhoben, und dirigierte seine »Jupiter«-Sinfonie ...

Lob auf Athen

Nach Athen zurückkehren, das ist ein Nach-Hause-Kommen, von welchem Ort es auch sei, und sei es sogar von Delphi, Olympia, Bassae oder Mykene.
Einst erlebte ich meinen Geburtstag auf der Akropolis. Abends sollte ich mit Dimitri Mitropoulos Mozart spielen. Es war ein warmer Nachmittag. Die Bucht von Salamis blaute in einem unwirklichen, nein, überwirklichen Licht. Der Hagios Oros der Insel Ägina wollte auch teilhaben an so viel Auszeichnung von seiten des Himmels. Stolz reckte er sein Haupt in die Höhe.
Nach Athen zurückkehren, das heißt, zum Parthenon heimfinden – mit dem ein wenig schlechten Gewissen des Liebhabers, der beim Wiedersehen nicht begreifen kann, wie er sich von der Geliebten hatte wegrühren können, wo sie doch die Schönste, Anbetungswürdigste ist und bleibt.

Zum letzten Bild

Von diesem kleinen Holzhaus sei am Ende dieses Buches noch die Rede.
Als ich vor dreißig Jahren das Grundstück vom Bauer Huber erwarb, da wurde nicht viel geredet. Die Bäuerin Lina, eine in jeder Beziehung außergewöhnliche Frau, brachte ein Glas frisch gemolkener Milch. Ein Händedruck, weder Papier noch Tinte waren nötig, und der Kauf war perfekt. Das war im Oktober gewesen, an einem verhangenen Tage.
Das Abendglöcklein der gegenüberliegenden Staudacher Kapelle hatte geläutet, und die ersten Herbstnebel hatten in dichten Schwaden ein weißes Tuch über den Starnberger See gezogen.

Als ich im Juni des nächsten Jahres aus Südamerika zurückkam, war die ganze Wiese – meine Wiese! – mit Margeriten übersät. Ein Chor von Grillen geigte, zirpte wie besessen, dem großen, strahlenden Dirigenten, dem Frühling, gehorchend.
Und was der Oktobernebel verhüllt hatte, das trat nun in das volle Licht der Morgensonne.
Hinter dem Staudacher Kirchlein erglänzte im Neuschnee die Zugspitze, von ihren ebenfalls in feierliches Weiß gekleideten Vasallen königlich umgeben.
Mir war zumute wie dem alten Minnesänger Walther von der Vogelweide, der da ausrief: »Ich hân mîn lêhen, al die werlt ...« – er hatte es sich ersungen, erspielt.
Wohl zehnmal umschritt, nein, umtanzte ich den

Platz, wo das Häuschen stehen sollte und wo es heute noch steht, fest gegründet trotz der Winterstürme, die es erzittern lassen.

Im Umkreis der Musik · Eine Auswahl

Alfred Brendel
Nachdenken über Musik

Mit einem Interview von Jeremy Siepmann. 5. Aufl., 19. Tsd. 1979. 228 Seiten mit 3 Abbildungen und 61 Notenbeispielen. Geb.
»Das Buch gibt viele Denkanstöße. Kein mit Musik Beschäftigter, der nach Anregungen, die nicht an der Oberfläche liegen, sucht, wird an der Lektüre von Brendels Einsichten vorbeikommen.« Opernwelt

Joachim Kaiser
Große Pianisten in unserer Zeit

Sonderausgabe. 4., erweiterte Aufl., 20. Tsd. 1978. VIII, 258 Seiten mit 24 Notenbeispielen; 27 Fotos. Geb.
»Noch niemals habe ich erlebt, daß musikalische Interpretation mit derartiger Genauigkeit und Liebe zum Detail analysiert und beschrieben wurde.« Arthur Rubinstein

Yehudi Menuhin
Unvollendete Reise

Lebenserinnerungen. Sonderausgabe. 6. Aufl., 79. Tsd. 1980. 462 Seiten; 63 Fotos. Geb.
Die reich bebilderte Autobiographie Yehudi Menuhins als Sonderausgabe: »Die wohl verblüffendste Interpreten-Geschichte dieses Jahrhunderts.« Der Spiegel

Yehudi Menuhin
Variationen

Betrachtungen zu Musik und Zeit. 2. Aufl., 11. Tsd. 1979. 256 Seiten mit 2 Abbildungen. Geb.
Reden und Aufsätze aus drei Jahrzehnten – ein engagiertes Buch des großen Geigers.

Piper

Im Umkreis der Musik · Eine Auswahl

Harvey Sachs
Toscanini

Eine Biographie. 1980. 507 Seiten mit 34 Abbildungen. Geb.
»Fazit: Der beklommen angestaunte Donnergott der orchestralen Perfektion nimmt menschliche Züge an. Harvey Sachs, der Toscanini nie begegnet ist, schildert ihn besser als einer, der ihn aus der Nähe kannte.«
Süddeutsche Zeitung

H. H. Stuckenschmidt
Zum Hören geboren

Ein Leben mit der Musik unserer Zeit. 1979. 379 Seiten mit 32 Abbildungen auf Tafeln und 15 im Text. Leinen
»Eine fesselnde Lektüre, eine hinreißend elegant geschriebene Autobiographie.« Neue Zeitschrift für Musik

Konrad Wolff
Interpretation auf dem Klavier

Was wir von Artur Schnabel lernen. Einführung von Alfred Brendel. 1979. 219 Seiten mit 211 Notenbeispielen. Geb.
»Eines der wichtigsten Musikbücher seit langer Zeit; es vermittelt einen Überblick über das Feld pianistischer Interpretation in seiner Gesamtheit.« Alfred Brendel

Gustav Mahler / Richard Strauss
Briefwechsel 1888–1911.

Herausgegeben und mit einem musikhistorischen Essay versehen von Herta Blaukopf. 1980. 232 Seiten; 14 Abbildungen; Geb.
»Der Wert des hier angezeigten Bandes liegt nicht zuletzt darin, daß mit den lange Zeit unveröffentlichten Briefen endlich mehr Licht in eine Beziehung gebracht wird, die so lange Zweifeln und groben Mißverständnissen ausgesetzt war.«
Süddeutsche Zeitung

Piper

Wie es früher war – Jugendjahre eines Mädchens aus gutem Hause

Ebba von Senger und Etterlin

Mach's gut, du

Von lichten und auch dunklen Tagen. 1981. 199 Seiten. Geb.

Dieses Buch ist mit seiner Fülle von Erzähltem, von Geschichten und Anekdoten aus dem deutschen Leben vergangener Tage ein geglücktes Beispiel erinnernder, autobiographisch geprägter Literatur.
Von den Tagen und Jahren nach dem Ersten Weltkrieg wird hier berichtet, von der Kronprinzessin ohne Krone, von eigenwilligen Onkeln, Kinderschwestern und Küchenhilfen, von lustigen Fahrradtouren, von Stadt und Land, von Kinderfreundschaften und possierlichen Tieren. Die Autorin erlebt den Aufstieg Hitlers und versucht, sich mit Betroffenheit und zugleich gelassener Distanz zu erinnern, wie es wirklich war. Mit Nachsicht erzählt sie von den Fehlern und Schwächen ihrer Vätergeneration und beschreibt die ebenso schwierige wie hoffnungsvolle Zeit nach 1945, in der eine andere Generation, durch viele Schicksalsschläge geläutert, einem neuen Leben zusteuerte.
In einer eigenwillig poetischen Sprache hat Ebba von Senger und Etterlin ein Buch geschrieben, das in seiner Farbigkeit einem heiteren Mosaik ähnelt und zuversichtlich die Kraft des Menschen beschwört, sein eigenes Leben jederzeit frei zu gestalten.

Piper